時尚‧可愛‧慢步樂活旅

雪梨‧
烏魯魯（艾爾斯岩）

這是什麼呢？

（答案見P2）

Lala Citta是義大利文的「城市＝La Citta」，
和享受輕快旅行印象綜合而成的用語。
書中匯集了世界文化遺產美景、可愛的動物們、
各式佳餚以及自然系美妝品等…
不可錯過的旅遊時尚新主題。
當你在想「今天要做什麼呢」時
就翻這本書吧。
歡樂旅遊的各種創意都在書中。

人人出版

ララチッタ Lala Citta

雪梨・烏魯魯（艾爾斯岩）

CONTENTS

Sydney 雪梨

P1照片解答→雪梨歌劇院造型的胡椒＆鹽罐（→P17）

Uluru&Kata-Tjuta

烏魯魯&卡塔族塔

●區域Navi......084

●烏魯魯&卡塔族塔完全指南......086
●烏魯魯出發的熱門行程BEST5......088
●於艾爾斯岩度假村度過舒適時光......090
●認識澳洲原住民！......093

雪梨玩家強力推薦

旅行
Key Word

世界遺產、美食、購物等
雪梨和烏魯魯充滿歡樂驚喜！
以下將由多位達人推薦讀者，
時尚樂活旅遊中不可或缺的關鍵字。

Key Word 1
Sydney Uluru

來到雪梨和烏魯魯就會想要前往！
撼動人心的世界遺產

雪梨歌劇院…P16　藍山…P56
烏魯魯一卡塔族塔國家公園…P86

推薦人｜攝影家　**相原正明**先生

提及雪梨的世界遺產就會想到雪梨歌劇院（→P16），
最佳觀賞地點有兩處，一是從前往曼力的渡輪上眺看；
二是自雪梨港灣大橋的步道觀賞，由對岸基里比里地區
遠望的雪梨歌劇院更是會讓人起雞皮疙瘩。此外，如果
欲在雪梨近郊的藍山區域（→P56）拍下獨一無二的照
片，推薦雨天或起霧時前往，會有意外收穫。此外，烏
魯魯最大的看點在於觀夕景點欣賞的日落景緻，那可
是連職業攝影師都會驚艷萬分的風景。

PROFILE
1988年本因巴黎達卡越野拉力賽的練習而訪澳洲，結果
深深迷上澳洲內陸荒野的景色。已出版《ちいさないの
ち～最古の大陸、オーストラリア～》（小學館）等，
多本以澳洲為題材的攝影集。

1.從雪梨港灣大橋步道上
觀賞到的雪梨歌劇院 2.聳
立於遼闊大地上的烏魯魯
為「地球之臍」 3.藍山地
區的景觀小火車（→P57）
4.於藍山地區可徜徉尤加
利樹林，享受森林浴 5.
一邊聚焦野生植物，一邊
漫步於烏魯魯一卡塔族塔
國家公園

Key Word 2
Sydney

從頂尖主廚的餐廳到
世界第一美味的早餐

美食&咖啡廳熱潮

早餐…P24　咖啡廳…P26　晚餐…P28　頂尖主廚…P66

推薦人｜旅遊記者 **寺田直子** 小姐

美食之都雪梨餐點近來又再度進化。無論是以主廚
Peter Gilmore精緻餐點聞名的「Quay」（→P67），
還是位在莎莉丘，能在悠閒氛圍中用餐的
「Nomad」（→P68）都很受歡迎。由「Tetsuya's」
（→P66）前廚師長身兼經營者與主廚的「Sepia」
也充滿創新與話題。此外，咖啡熱潮一如往昔，以
雪梨發跡的「Bill's」為首，每年的「岩石區咖啡
節」依舊盛況空前。

1.2.在「Nomad」朝氣
十足的空間裡實際體會美
食潮流。各種生火腿與綜
合肉菜A$28。
3.「Quay」全餐中的一
道佳餚，以石鍋炊煮蒾
米、豆腐和時令蔬菜，
並搭配海苔享用。
4.「Sonoma Bakery Cafe」
加有牛奶的白咖啡

©Brett Stevens

PROFILE
歷經東京、雪梨的旅行社工作後，獨立為自由工作者，至今已到訪
過70個國家，每年有150日都住在國內外的飯店。主要為女性雜
誌、旅遊網站、報章雜誌撰稿。透過部落格傳遞最新旅行資訊。
📷www.instagram.com/naokoterada_happytraveldays/

Key Word 3
Sydney

不管是流行派、休閒派都能覓得合適店家！

女生的
澳洲時尚

澳洲品牌…P32　購物…P72

推薦人｜網頁設計師 **岩田千織** 小姐

要了解時下澳洲的流行動向，走趟「Westfield
Sydney」（→P72）準沒錯。此處匯集眾多備
受矚目的時尚品牌，不過還是大力推薦澳洲的本
土品牌「Dotti」，極受當地女性的歡迎。休閒派
則是推薦「Billabong」（→P74），再搭上一雙
UGG靴子（→P33），就能搖身一變成為可愛的
衝浪女孩了！

1.衝浪品牌「Billabong」也備有
眾多可穿上街的服飾配件 2.在海
邊不可或缺的就是Billabong的海
灘拖鞋　3.綴有商標圖形的T恤再
多件都不嫌多 4.熱褲是海灘時尚
的必備單品 5.在日本也大受歡迎
的UGG Australia羊皮靴。

PROFILE
曾任東京上櫃公司以程式設計師、系統工程師的身分參與系統
開發業務後，獨自前往澳洲，環遊澳洲大陸。回到日本後，又
於2008年再度前往澳洲並定居該國。現身兼網頁設計師和資訊
技術專員，服務許多國家的企業。📷1000weaves.com

Key Word 4
Sydney / Uluru

忍不住綻放笑容
療癒系動物

動物…P20 動物園…P22

推薦人｜攝影師／作家 **矢野目裕一朗**先生

可能是因為這片大陸上本無肉食猛獸，因此所有動物都顯露出溫和、無憂的神情。光是眺望牠們的這種模樣，平時累積的壓力保證會緩緩消散，至於要如何用相機捕捉動物們的療癒表情，訣竅或許在於不能輸給對方那種南半球的悠閒步調，自己也要耐心等待……吧？

ZZZ...

啊──口渴了

睡得香甜

PROFILE

歷經日本大型廣告公司的工作後，前往澳洲的攝影學校留學，畢業後成為當地的攝影師兼作家。一直以來都透過攝影及寫作，持續傳達澳洲的魅力。喜歡拍攝人物與動物。

1.「雪梨野生動物園」（→P22）位於市區，交通十分便利　2.無尾熊邊維持絕佳平衡、邊在樹上甜睡　3.緩緩現身在飲水處前的袋熊　4.袋鼠大刺刺地橫躺在地，毫無防備　5.在日本曾風靡一時的傘蜥蜴也活力十足

Key Word 5
Sydney

來這就能理解當今雪梨
在地人的
聚焦地區

莎莉丘…P49 格里布…P50 新鎮…P51

推薦人｜媒體協調員 **坂內由美**小姐

格里布（→P50）距離雪梨大學很近，能夠享受以年輕人為中心的閒散氣氛，每週六的市集相當受歡迎。新鎮（→P51）中有別於市中心的購物街區，林立著許多個性小舖，即使只是欣賞行人的穿著時尚，也有一番樂趣。莎莉丘（→P49）近來新增許多新潮的餐廳和酒吧，另外也出現居酒屋風格的店家，是個了解雪梨飲食必來的區域。

PROFILE

曾任旅行雜誌記者，1992年起定居雪梨，爾後歷經機上雜誌編輯、自由編輯後，現為澳洲政府觀光局的簽約協調員，同時也為一名自由工作者。最近每次前往新鎮或莎莉丘時，都很期待能夠發現新的店舖。

1.位於莎莉丘的咖啡廳「Kawa」（→P49）　2.雪梨大學所在地的格里布地區，居住著眾多學生和藝術家　3.深受龐克族喜愛的新鎮　4.人氣咖啡廳聚集的莎莉丘也有「Bill's」（→P49）的分店　5.格里布地區中也有眾多骨董店和藝廊

Key Word 6
Sydney

週末就是享受衝浪、
健行的美好時光♪

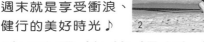

澳洲風格的慢活人生

邦代海灘…P46

推薦人｜資產管理 公司經理　**關谷珠實** 小姐

雪梨近郊有邦代（→P46）和曼力（→P49）為首的海灘和海灣，能夠輕鬆享受衝浪、輕艇和浮潛等水上活動。當地人也常到海灘邊的公園中野餐或烤肉。個人推薦的是沿著海岸行走的健行路線，途中能飽覽雪梨的自然景觀。

PROFILE
1997年以打工度假的簽證來到澳洲，打工度假結束後經過4年學生生活，便進入現在的公司工作，同時取得永久居留權，居住在澳洲直至今日。最喜歡在假日時到自家附近的沙灘散步，或是去公園野餐。

1 邦代為救生員制度的發源地 2.邦代海灘由於會有外海捲來的高浪，因此很受衝浪人的喜愛 3 戶外野餐是澳洲人度過假日的方式 4.Rip Curl（→P33）販售齊全的衝浪裝備 5 最適合漫步在沿著邦代海灘鋪設的步道

Key Word 7
Sydney

澳洲製造的代表物

天然美妝品

有機美妝品…P34

推薦人｜旅遊記者 ／作家　**平野美紀** 小姐

Aesop（→P34）為一美妝品品牌，堅持運用植物的天然成分，不添加化合物，因而極受推崇自然生活的消費族群歡迎。雪梨的夏天容易乾燥，所以高保濕力的護手霜乃必備良品。此外，該品牌產品不僅能夠用得安心，其容器由於多採可回收的玻璃瓶，在環保商上也受到相當的支持。

PROFILE
在壯觀大自然的深深吸引下，由居住6年半的倫敦移居至澳洲。以旅遊記者身分替各式媒體撰稿或上廣播節目等的同時，也經營澳洲旅遊資訊網站「Australia NOW!」。目前關心的事情為野生動物與環保。■australia-now.info/

1.Aesop店內呈現出簡約洗練的品牌印象 2.以植物成分調配而成的Aesop身體潔膚露 3.引爆天然美妝品風潮的「Jurlique」（→P34）4.香氛產品十分充足的「Perfect Potion」（→P35）5.滋養雙手和潤澤美甲的保濕護手霜

知道賺到

旅行

從雪梨觀光的優惠資訊，
至澳洲獨有的風俗民情，
以下盡是出門旅行前知道賺到的資訊！
詳加閱讀，來趟充實的旅程吧。

Happy Advice

Advice 1　免費的555路巴士值得多加利用！

自由上下車！

555路免費接駁巴士於市內運行，行駛在觀光據點環形碼頭與通往交通樞紐中央車站的喬治街之間，主要停靠的地方有環形碼頭、溫亞德、QVB維多利亞女王大廈、雪梨市政廳、中國城、中央車站等，網羅市中心主要觀光景點，班次間距約為10分鐘。詳細資訊→別冊P16
※555路巴士已於2015年10月停駛

綠色車體，一目了然

車頭顯示的免費接駁555為辨別標示

百貨公司林立的雪梨皮特街

Advice 3　LICENSED & B.Y.O.相關事項

澳洲僅有已取得執照的店家才能提供酒類精飲料，此些商家都會於店門口標示「LICENSED」字樣。即使店家未領有執照，但有標示「B.Y.O(Bring Your Own)」時，即可攜帶紅酒、啤酒等入內。不過幾乎所有店家都會收取開瓶費（Corkage），並且能夠攜入的酒類條件也各有不同，因此事前還需做好確認。

對澳洲人而言，啤酒是不可少的飲品

B.Y.O.標示為能否攜酒入內的判斷標準

Advice 2　每週四為購物日 LATE NIGHT SHOPPING DAY

雪梨的一般店家平日大概營業至下午6點，週六、日與國定假日，大多數店鋪都會縮短營業時間。此時要多加利用的就是購物日，許多商家在每週四都會營業至晚上9點，民眾可購物到較晚的時間。此外，也有限僅週末才會開張的市集（→P38），所以天氣好時，便能在藍天白雲下享受購物樂趣。

手工藝品店家聚集的岩石區市集

夜深時分，露天座位依舊熱鬧非凡

Advice 4　聚焦各國美饌，品嘗道地美味！

德信街上立著中國城的大門

雪梨城區內種族多元，道地的各國佳餚唾手可得。最具代表性的地點是中國城（→P63），以德信街為中心，中國餐館鱗次櫛比。新鎮（→P51）聚集各式異國餐廳。此外，位於郊外的卡巴瑪塔（別冊MAP／P3D1）有處越南城，拉坎巴（別冊MAP／P3D1）則是有許多中東餐館。

在華麗霓虹燈和漢字招牌之下，宛如置身中國

Advice 5　優惠的觀光票券看這裡！

雪梨野生動物園、雪梨海洋生物水族館、雪梨塔、曼力海洋世界和杜莎夫人蠟像館，如果要參觀3處以上的觀光景點，購買套票絕對划算。票券有效日期皆為30日，各景點售票處皆有販售，售價為A$70（網上購買為A$69）。

位於市區的雪梨野生動物園是必訪景點

比分別購買還要划算的套票

Advice 6　在澳洲記得仰望星空

南十字座位在銀河之中

天空中共有88個星座，其中36個星座只有在南半球才能見到，裡頭知名度最高的為南十字座。此星座由5顆星星構成，為88個星座中規模最小，因此容易辨別。即使身在雪梨，只要在空氣澄淨的冬夜（7月），去到稍微郊外的地區，就能瞭望美麗的星空，甚至用肉眼便可將銀河清楚地盡收眼底。所以記得要仰頭找找南十字座。

Advice 7　什麼是澳洲英文？

雪梨等都會人士所說的英文，無論發音還是單字拼法都近乎英語，不過還是有把「a」的音發成「i」等具有獨特表達方式的「澳洲英文」。不習慣的人可能會聽不太懂，然而就算說自己不擅英文也不會遭到譏笑，所以大可放心。由於澳洲人都相當直爽，如果對他們說「Good day,mate!（記得要把「a」的音發成「i」）」，對方也會用同樣的語句打招呼。

當地還有澳洲英文的單字本

說話不用拘謹

當地種族多元，因此多可使用英語溝通

出發前務必Check!

澳洲 Profile

烏魯魯－卡塔族塔
雪梨

●正式國名　名稱
澳大利亞聯邦

●貨幣與匯率
1A$＝約23元新台幣（2017年5月）
貨幣種類詳情→P100

●小費…基本上無支付小費的習慣，然而覺得服務特別周到，或是在高級餐館用餐時，一般會支付10%左右的小費，不過費用中如果已含服務費，就不須給予小費。

●最佳季節…春天（9～11月）天氣普遍溫暖，是一年中氣候最為安定的季節，也是前往雪梨和烏魯魯觀光的首選季節。但是，烏魯魯進入11月後，白天陽光會變得炎熱。

●入境條件…短期觀光或商務洽公時，必須申請ETA電子簽證，詳情→P94

●台灣出發的直達航班…可於臺灣桃園國際機場搭乘中華航空或澳洲航空的直達班機前往雪梨，然而目前台灣並無直飛烏魯魯的航班，因此必須於雪梨等主要都市轉機。
（2017年5月）

雪梨 Profile

●都市名
新南威爾斯州
雪梨

●人口／面積（雪梨）
約500萬人（2017年調查結果）
約1萬2368k㎡

●時差…＋2小時
※比台灣快2小時。10月的第一個週日～4月的第一個週日採行夏令時間，此期間與台灣的時差為＋3小時。

烏魯魯－卡塔族塔 Profile

●地區名稱
北領地
烏魯魯－卡塔族塔國家公園

●人口／面積（北領地）
約21萬人（2014年調查結果）
約135萬k㎡
（烏魯魯－卡塔族塔國家公園約為1325k㎡）

●時差…＋1小時30分
※比台灣快1小時30分，未實施夏令時間。

+α 行程編排

在此為您介紹能夠暢遊美麗港都雪梨的5天2夜經典行程。不管是世界遺產，還是美食、購物，全～都能一次滿足！

經典行程

↑沿著雪梨灣步行前往雪梨歌劇院
➡純白耀眼的雪梨歌劇院建築物近在眼前！

Day 1

19:50 從台灣出發

Day 2

抵達雪梨後，首先參觀2大地標

澳洲牛肉

07:25～07:35 抵達雪梨國際機場

• 搭乘市區鐵路電車約20分

10:00 至市區飯店辦理入住手續
※通常要到下午2點以後才能進入飯店房間，若抵達時間較早，可寄放行李後外出，或事前向飯店申請提早入住。

• 搭乘市區鐵路電車約5分

11:30 由環形碼頭前往雪梨歌劇院(→P16)

• 步行10分

12:30 於Opera Kitchen (→P17)午餐

• 步行15分

14:00 遊逛岩石區

• 步行5分

15:00 於咖啡廳小歇

• 步行10分

16:00 參觀雪梨港灣大橋觀景台(→P18)

• 步行10分

18:00 於老字號酒吧晚餐

↑在Opera Kitchen享用分量十足的午餐
➡用餐時還盡情飽覽2大地標的景致

➡岩石區中林立著韻味十足的磚砌建築
↓走在路上可以遇見正在演奏的音樂人

好好吃(^u^)

我們在岩石區喔

↑La Renaissance Patisserie (→P26)

↑咖啡巧克力風味的蛋糕A$7.50～也很受歡迎

←雪梨港灣大橋的派龍觀景台

景觀絕佳

cosplay的泰迪熊

←身穿攀爬大橋者須換穿的原創服飾

Cheers!!

←The Lord Nelson Brewery Hotel (→P.41)的招牌

溫熱又美味

↑首日行程就用生啤酒乾杯來畫下句點！

➡晚餐若想簡單吃，推薦您點份與啤酒搭配的酒吧餐點

+α 行程備案

若對自身體力有信心者，可考慮挑戰攀爬大橋(→P19)。登上雪梨港灣大橋拱頂放眼望去的景色非常壯觀。

←從觀景台可將歌劇院和市區街景盡收眼底

Day 3

→ 留有三姊妹傳說的奇岩三姊妹岩

搭乘電車前去藍山

08:00 自雪梨市區出發前往卡頓巴

⋯⋯搭乘電車2小時

復古的觀光巴士

10:00 抵達卡頓巴後乘坐復古巴士

⋯⋯搭乘巴士10分

10:30 參觀三姊妹岩（→P57）

⋯⋯步行30分

11:30 遊覽景觀世界（→P57）

⋯⋯搭乘巴士15分

13:00 走訪羅拉小鎮＆午餐（→P58）

⋯⋯搭乘電車2小時

19:00 返抵雪梨市區後，前往Glass Brasserie（→P28）晚餐

→ 淡藍霧氣籠罩蒼鬱的尤加利樹林

搭乘空中纜車騰空漫步

→ 羅拉小鎮的街景十分可愛
↓ 羅拉大街兩側店家林立

可愛的街景

景觀絕佳

在 Glass Brasserie 享受名流氛圍

Dinner

↑ 駛下急陡坡的小火車

→Glass Brasserie內也設有紅酒吧

+α 行程備案

推薦喜愛紅酒者走趟獵人谷（→P52），該處分布著超過120間酒莊。也有一日遊行程。

Day 4

上午觀光，提早吃完晚餐，最後前往機場

09:00 前往動物園＆水族館（→P22）

※飯店房間通常可待至中午12點，外出前先辦好退房手續，將行李寄放在櫃台。

⋯⋯步行5分

12:30 於港灣區午餐

⋯⋯步行10分

14:00 在QVB（→P30）內優雅購物

喔！要掉了～

← 雪梨野生動物園（→P22）

館內也有真魚喔

我吃我吃

↑雪梨海洋生物水族館（→P23）也是必訪景點

↑ 能夠近距離觀看前來吃飼料的袋鼠

↓從時尚到食品，QVB內有各式店家

伴手禮！

→High's（→P31）的巧克力

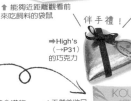

←達令港的美景

→天然美妝品Ikou（→P30）的肥皂

接續P12

承接P11

●…步行3分

16:00 登上雪梨塔
(→P61)眺望市區
景色

●…步行即到

17:00 於Westfield
Sydney (→P72) 的
美食區簡單吃頓
晚餐
※晚餐後返回飯店
拿取行李

18:30 前往機場

22:00
出發返回台灣

Day 5

06:20 抵達台灣

雪梨最高建築物

Westfield

+α 行程備案

可稍微早起前去早上就開始營業的
咖啡廳 (→P24),吃頓美味早餐,
活力十足地走完最後一天的行程。

←可從距離地面250m
的高處,飽覽360度的
美麗全景

↓裝潢擺飾豪華到讓人
不覺得是美食區

Dinner

←滿是當地產海
鮮的燉飯A$24

➡到Cod & Co
(→P29) 吃
晚餐

造訪雪梨 & 烏魯魯
7天4夜的 經典行程

能夠親身體驗大自然奧秘的地方
就在世界遺產烏魯魯-卡塔族塔。
以下為您介紹盡賞雪梨 & 烏魯魯
著名景點的豐富行程!

世界遺產!

↑看一眼烏魯魯,就能讓
您體會永生難忘的感動

Day 1	夜	自臺灣桃園國際機場出發 (宿機內)
Day 2	早	抵達雪梨,於機場轉機前往艾爾斯岩機場
	午	抵達艾爾斯岩度假村
	晚	於星空下享用烤肉晚餐
Day 3	早	參加當地行程走訪烏魯魯
	午	於度假村內活動
	傍晚~晚	於沙漠中邊眺望夕陽邊用晚餐
Day 4	早	乘坐駱駝欣賞朝陽
	中	乘坐飛機返回雪梨
	晚	抵達後晚餐
Day 5	整日	雪梨市區觀光
Day 6	上午	雪梨市區觀光
	傍晚	前往機場
	晚	自雪梨出發
Day 7	早	抵達臺灣桃園國際機場

+α 行程備案

從艾爾斯岩度假
村出發的觀光行
程非常多,能從
空中觀賞景色的
直升機遊覽也十
分受到歡迎。

←雪梨的世界遺產雪梨
歌劇院也相當吸引人

➡專為喜好甜
食者打造的甜
滋滋鬆餅
(→P25)

➡不敗的早餐菜
餚,燻鮭魚班尼
迪克蛋 (→P25)

好睏哦!

Sydney ♪♫

雪梨

✿CONTENTS

由海德公園（→P61）
望見的雪梨塔（→P61）

雪梨 Area Navi 區域導覽

觀光客多
岩石區& 環形碼頭 ★　　　達令港 ★
　　中央區 ★
　國王十字區 帕丁頓區
充滿舊時風景　　　　　　　　　　　最前衛的區域
　　　莎莉丘★　　★
　格里布★　　★新鎮
邦代海灘　　　　　　★雙灣
當地人多

雪梨這座城市沿著深入陸地的傑克遜港灣延伸，
其中除了觀光重鎮岩石區&環形碼頭，還有許多充滿魅力的區域。
市中心雖能步行遊覽，但前往較遠區域時，搭乘市區鐵路電車或巴士較為便捷。

① Rocks & Circular Quay
岩石區&環形碼頭 MAP 別冊P10-11

岩石區如今還留有墾荒時期的舊時街景，充滿歷史痕跡的建築物鱗次櫛比。環形碼頭則是雪梨灣的玄關，設有渡輪或遊輪的船務中心，觀光客眾多，人聲鼎沸。

CHECK!
●雪梨歌劇院(→P16)
●雪梨港灣大橋(→P18)
Access>>>
市區鐵路電車CIRCULAR QUAY站

② Darling Harbour
達令港 MAP 別冊P12

購物中心和多功能大型設施拔地而起，彷彿包圍了達令港和科庫爾灣，為雪梨首選的娛樂遊憩地區，許多商家都營業至深夜。

CHECK!
●雪梨野生動物園(→P22)
●雪梨海洋生物水族館(→P23)
Access>>>
市區鐵路電車TOWN HALL站

③ City
中心區 MAP 別冊P13

又名為ＣＢＤ（Central Business District）的中心商業區，可看見一棟棟辦公大樓、老字號百貨公和高級名牌店。距離散落墾荒時代建築的麥考利街與海德公園也很近。

CHECK!
●QVB維多利亞女王大廈(→P30)
●雪梨塔(→P61)
Access>>>
市區鐵路電車TOWN HALL站、MARTIN PLACE站、WYNYARD站

④ Newtown
新鎮 MAP 別冊P4A4

此區在喜好獨特時尚的年輕人之間，相當受到歡迎，主要街道國王街沿路林立著生活雜貨店和古著店。此外也有許多泰國、中東、近東的異國餐館和咖啡廳。

CHECK! ●國王街(→P51)
Access>>> 市區鐵路電車NEWTOWN站

N
0　　1km

NORTH SYDNEY站
MILLSONS POINT站
雪梨港灣大橋
Bradfield Hwy.
岩石區&環形碼頭 ①
雪梨歌劇
達令街 Darling St.
達令港
約翰斯頓灣
CIRCULAR QUAY站
WYNYARD站
MARTIN PLACE站
西部幹道 Western Distributor
達令港 ②　　　③ 中心區
TOWN HALL站　　Park St. 海德公園
ST. JAMES
MUSEUM站
單軌電車
牛津街 CITY RAIL
市區鐵路電車
⑤ 格里布
⑥ 莎莉丘
中央車站 CENTRAL STN.
REDFERN站
機場快線 AIRPORT LINK
東部幹道 Eastern Distributor
④ 新鎮
MACDONALDTOWN站
NEWTOWN站
ERSKINEVILLE站

7 Kings Cross
國王十字區
MAP 別冊P9C1

雪梨數一數二的鬧區，散落著Live House和風月場所，夜晚特別熱鬧。若想在時髦的酒吧中喝上幾杯，就從立有可口可樂大型看板的交叉路口，走到達令赫斯特路。

CHECK!
●Bill 's（達令赫斯特店）（→P24）

Access>>> 市區鐵路電車KINGS CROSS站

8 Paddington
帕丁頓區
MAP 別冊P9C2

以牛津街為中心，匯集了複合式商店、生活雜貨店和咖啡廳等店家，是雪梨的流行重鎮。從街道一踏入此區，便能看見一整片公寓街景和美麗的住宅區。

CHECK!
●牛津街（→P42）
●帕丁頓市集（→P39）

Access>>> 由環形碼頭搭乘333、380路巴士、由中央車站搭乘378路巴士，或邦代海濱觀光巴士至Paddington Town Hall

9 Double Bay
雙灣
MAP 別冊P5C3

能夠眺望海景的高地上建著一棟棟豪宅和華著的高樓華廈，此處為雪梨首屈一指的高級住宅區。當地貴婦會到高級精品店購物，或是去咖啡廳放鬆小歇，整區都充滿著上流氛圍。

CHECK!
●Cosmopolitan Centre（→P48）

Access>>> 由環形碼頭搭乘323～327路巴士，或邦代海濱觀光巴士至Double Bay

10 Bondi Beach
邦代海灘
MAP 別冊P5D3

會有大浪打上白沙海灘，為知名的衝浪天堂，也是救生員制度的發源地。沿著海灘興建的坎貝爾大道上，有著一間又一間的咖啡廳和衝浪用具店，沿路悠閒遊逛也是種樂趣。

CHECK!
●邦代海灘（→P46）

Access>>> 由環形碼頭搭乘333、380路巴士，或搭乘邦代海濱觀光巴士至Bondi Beach Terminal

雪梨郊外

獵人谷
Hunter Valley MAP 別冊P3D1
位於雪梨北方，為澳洲紅酒的起源地。→P52

藍山
Blue Mountains MAP 別冊P3D1
此高原地帶自古以來就是澳洲人屬意的避暑勝地。為聯合國教科文組織之世界遺產。→P56

5 Glebe
格里布
MAP 別冊P4A3

此區以雪梨大學為中心，匯集了學生和有志成為藝術家的年輕人，街邊開有許多藝廊和販售專業書籍的書店，也是一大特色。每週六會開設市集（→P39）。

CHECK!
●藝廊（→P50）
Access>>> 由中心區搭乘431、433路巴士

6 Surry Hills
莎莉丘
MAP 別冊P8B2-3

很受女性喜愛的區域，以主要街道皇冠街為中心，坐落著高雅洗練的咖啡廳、餐館和雜貨小店。欲體驗雪梨咖啡文化的人，不用多想，來這裡就對了。

CHECK!
●時髦咖啡廳（→P49）
Access>>> 市區鐵路電車CENTRAL站

傑克遜港灣

伊莉莎白灣

玫瑰灣

KINGS CROSS站

新南頭路 New South Head Rd.

7 國王十字區

9 雙灣

EDGECLIFF站

8 帕丁頓區

CITY RAIL 市區鐵路電車線

Oxford St.

Old South Head Rd.

Syd Einfeld Dr.

BONDI JUNCTION站

邦代海灘 10

邦代路 Bondi Rd.

邦代灣

Carrington Rd.

雪梨世紀公園

塔瑪拉瑪海灘

勃朗特海灘

獵人谷

塔斯曼海 Tasman Sea

藍山　　雪梨

美麗港都雪梨的地標

雪梨歌劇院大解析
Opera House

座落於雪梨港貝內隆角的雪梨歌劇院,是代表雪梨的觀光名勝。
就讓我們從裡到外好好走訪這座魅力十足的世界遺產建築物!

從岩石區遠眺的雪梨歌劇院

雪梨歌劇院

Sydney Opera House MAP 別冊P11D1

環形碼頭

港邊閃耀動人的「白色船帆」

雪梨歌劇院由丹麥建築師裘安約農(Joern Utzon)設計,歷經14年歲月,於1973年落成。除有6座展演廳之外,還是一處有餐廳等進駐的複合設施,每年於此進行的演出或活動超過2500場。

🚃市區鐵路電車CIRCULAR QUAY站步行6分
🏠Bennelong Point ☎(02)9250-7111
🌐www.sydneyoperahouse.com

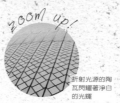

zoom up!

折射光源的陶瓦閃耀著淨白的光輝

小小知識

〈建築物檔案〉
面積:1.8萬㎡,全長:183m,最寬處:120m,高度:67m,總預算:A$1億200萬,開幕典禮:1973年10月20日

2007年登錄為世界遺產
歌劇院擁有獨特的美麗外型,為20世紀的代表建築,登錄成為聯合國教科文組織的世界文化遺產。

共6座展演館
雪梨歌劇院共有2大3小展演廳和一處名為約農館的小型展演空間。

屋頂陶瓦總計超過100萬片
覆蓋建築物外觀的陶瓦共105萬6006片,雙色陶瓦折射出美麗光輝。

瓊·薩瑟蘭展演廳
Joan Sutherland Theatre
用於歌劇和芭蕾表演的展演廳。2012年翻新之際,更名為現在使用的瓊·薩瑟蘭展演廳,設有1507個座位。

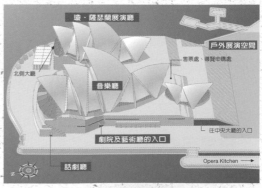

瓊·薩瑟蘭展演廳
戶外展演空間
售票處、導覽中間處
北側大廳
音樂廳
劇院及藝術廳的入口
往中央大廳的入口
話劇廳
Opera Kitchen

音樂廳
Concert Hall
雪梨歌劇院中最大的展演廳,用來舉辦交響樂音樂會等活動,共有2679個座位。位於地下樓層的3處小展演廳,會上演舞台劇等節目。

夜景也必看!

備妥三腳架以便拍攝夜景

雪梨歌劇院的 3大暢遊方式

1. 參加館內導覽行程

雪梨歌劇院備有導覽行程,會由專業人員帶領遊客參觀內部景點,也有中文導覽行程。

集合

會帶領遊客深入瓊·薩瑟蘭展演廳,出發地點為南側大廳。首先一邊觀看5分鐘左右的影像剪影,一邊吸收雪梨歌劇院的歷史。

> 建築的雙重構造據說是從胡桃得來的靈感。

參觀通道

建築物為雙重構造,因此混凝土外牆的後方建有內部建築,一切望通道,便能清楚知道內、外側的建築物並不相連,呈現出獨特的架構。

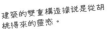

樓梯以墨西哥瑪雅文明為設計意象

雪梨歌劇院中文導覽行程
Sydney Opera House Tours

雪梨歌劇院的官方行程,將由中文導覽人員帶領參觀。基本上都是參觀音樂廳或瓊·薩瑟蘭展演廳。也有參觀後台的英語導覽行程。若想在此用餐,也可選擇附有雙人餐點的Tour & Tasting Plate,或是附單人餐點的 Tour & Dine。

☎(02)9250-7250 Mandarin 9時30分~、11時~、13時~、14時30分~ 無 A\$37 報名處:正門入口旁售票處的樓上。

需1小時

位於突出在雪梨港灣上的貝內隆角前端

從北側大廳 飽覽港灣美景

雪梨歌劇院北側突出在雪梨港灣上,是處能夠眺望港灣壯觀的絕佳位置。為了讓遊客清楚欣賞美景,因此玻璃採傾斜設計

> 每日都會上演不同的歌劇或芭蕾,更換節目之際就會重新調整舞台。

參觀展演空間

自2樓座位參觀澳洲首屈一指的展演空間,舞台構造為前緣較窄,但至深處則變得寬敞。樂池位在舞台下方,可容納約70名演奏者。

舞台上的螢幕會顯示字幕

2. 於美食區小歇片刻

設有7間咖啡廳和餐館,從輕食到正式晚餐一應俱全。即使未觀賞節目,也可輕鬆前來用餐。

Opera Kitchen MAP 別冊P11D2

在海風吹拂下享用美食

位在雪梨歌劇院西側的餐廳,內部全為露天座位,能夠欣賞雪梨歌劇院和雪梨港灣大橋。在此能夠品嘗到和食、海鮮等專屬主廚烹調出的道地佳餚。

☎(0450)099-888 7時30分~深夜 無休

在吧檯點選喜愛的菜色

份量十足的炸牛排A\$38,附薯條和沙拉

觀劇するなら

雪梨歌劇院售票處
Opera House Box Office

【購票方式】除了雪梨歌劇院的購票窗口,也能在官方網站上購票。詳細節目內容請見官方網站。

雪梨歌劇院正面入口旁 ☎(02)9250-7777 9時~20時30分(週日10~18時) 無休

3. 入手紀念品

禮品店位在1樓售票處旁和地下層,從生活雜貨、衣服等琳瑯滿目的商品中挑選伴手禮吧。

9時~18時15分 無休

Have a nice day!

←便於隨身攜帶的筆和筆記本組合A\$4.95

→雪梨歌劇院造型的胡椒&鹽罐A\$39.99

帶有雪梨歌劇院設計元素的芭比娃娃A\$59.99

橫跨雪梨港灣的拱形橋梁

探索雪梨港灣大橋!
Harbour Bridge

雪梨港灣大橋為雪梨2大地標之一,除了渡橋之外,
也能攀登、眺望大橋,有著許多獨特的欣賞方式!

由雪梨歌劇院看見的雪梨港灣大橋

雪梨港灣大橋
Sydney Harbour Bridge [MAP] 別冊P7C1
> 岩石區

耗時9年完工的鐵橋

一座連結雪梨市區及北雪梨的單拱式橋梁,與
雪梨歌劇院並列為雪梨2大地標,特徵為兩岸
各立2座的塔門。當地人因其外型稱之為「衣
架」。

🚃市區鐵路電車CIRCULAR QUAY站步行15分
🅿🚻🗺~30分

\ 小小知識 /

〈建築物檔案〉
總長:1149m
〈包含引道〉
全寬:49m
高度:134m
總預算:A\$1350萬
落成:1932年

**[高134m、寬49m,
世界最大]**
頂高為134m,為世界最
高拱形鐵橋,但是鋼鐵會
因氣溫熱漲冷縮,所以有
18cm的高度落差。

**[每日16萬台
車輛通行]**
1932年落成當時,每日
車流量為1萬1千台,現
在每日有多達16萬台
的車輛通過此橋。

**[用於塗飾的油漆
約8萬ℓ]**
塗飾需要約8萬ℓ的油漆,
由於當初沒有這麼多灰色,無法
備齊如此大量的油漆,因
此才塗成灰色。

也可步行橫渡至
橋的另一端

夜景也必看!
打燈後的
橋體十分
夢幻

\ zoom up! /

道路
橋寬49m,設有8線車道、2線鐵
路,兩側還有自行車和行人專用
道。橋面長度為503m,步行約需
15分

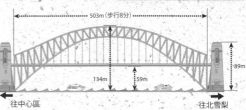

往中心區 | 往北雪梨

派龍觀景台 [MAP] 別冊P7C1
Pylon Lookout
位於橋梁南側的觀景
台,登上200階的樓梯
後,等在眼前的就是雪
梨港一望無際的壯麗景
致。攀爬時沿途還有展
示建築相關資料。

☎(02)9240-1100
🕙10~17時 ☒無休
💰A\$13

觀景台高度為
每公尺87m

雪梨港灣大橋的 3大暢遊方式

MAP 別冊P10B1

大橋攀爬活動
Bridge Climb Sydney 需3小時30分

能攀爬至橋梁的拱頂部,是個令人大呼過癮的活動,配合日出或日落時刻出發的行程特別受到歡迎。時間較不寬裕時,推薦參加快速登頂行程(需2小時15分,費用相同)。

🚉市區鐵路電車CIRCULAR QUAY站步行10分
📮3 Cumberland St., The Rocks ☎(02)8274-7777
🕐8~18時(依季節調整) 🈳無休 💰A\$218~

1. 挑戰攀爬大橋

行走於雪梨港灣大橋拱部之上的特色行程,由於安全防護措施非常完善,因此推薦一試。

於櫃檯報名

首先前往辦理攀爬大橋活動的櫃台,1組最多14人,共有3種行程。尚有空位時可隨時參加,但於旺季時,事前預訂才能確保成行。

受理中心對橫的辦公室位於中心區側的橋腳

由於腳步不穩恐發生危險,因此參加活動前請勿過度飲酒。

換裝後準備出發

聽取專業導覽人員解說完安全注意事項,換穿特製服裝,戴上無線電,扣好安全索。現場備有練習用的鐵架,練習一下攀上爬下的流程後再出發。

穿穿好安全扣環,以此出發去攀爬

專業導覽人員會在橋梁拱部上介紹眺望景點和必看景致。

不受天候,體質前進於不會搖晃的扶梯

出發時刻

沿著通道往東南方的塔門前進,目標是走完1332階樓梯,攀上拱頂。行進途中是邊俯瞰腳下往來的車輛,邊一步一步登上極陡的坡。

攀上拱頂

一邊以無線電聽取導覽人員的解說,一邊攀登橋梁拱部,最後會抵達高134m的頂點。飽覽360度的全景後,爬下階梯,走往橋梁的另一端。

空中漫步的同時,還能鳥瞰市區

導覽人員會於拱頂幫所有參加者拍攝紀念照,行程結束後會免費發送相片。

此處為攀爬時的最大難關,克服這段陡坡,目的地就在眼前!

大橋攀爬活動Q&A

Q 要穿甚麼服裝?
A 由於要換裝,因此以任何服裝前往都OK,但鞋子必須自備,所以請穿運動鞋等橡膠底鞋類。

Q 隨身物品放哪裡?
A 個人物品全放在置物櫃,帽子及雨具等也都由活動方提供。戴眼鏡OK。

Q 可以拍照嗎?
A 攀爬中禁止攜帶相機。行程結束後也可購買導覽人員拍攝的照片。

Q 小朋友能參加嗎?
A 參加條件為10歲以上,身高超過120cm者。10~15歲孩童,每3名就須有1名大人同行。

2. 用力捕捉絕佳景致

沿著港灣散步時,任何地方都能望見美麗的大橋。可試著從各種角度拍攝照片。

自麥考利夫人岬(→P65)拍攝

自派龍觀景台(→P18)拍攝

位於皇家植物園最前端的絕佳觀景點,1張照片便能同時拍下雪梨歌劇院和港灣大橋。

能在極近距離俯瞰橫跨南北的橋梁,機會難得。近距離瞭望拱形鐵架的震撼。

3. 入手紀念品

大橋攀爬活動的辦公室中還設有遊客中心及禮品店,可於此處購得大橋攀爬活動的商品。

大橋攀爬活動遊客中心
Sydney Harbour Bridge Visitor Centre
MAP 別冊P10B1
🚉🕐與大橋攀爬活動(→P19)相同 💰免費入內

也有介紹大橋歷史的相關展示

繪有雪梨港灣大橋的馬克杯
A\$7.95

穿著攀爬活動特製服裝的泰迪熊
A\$20.95

在雪梨要忍住不去擁抱無尾熊

Attention!
新南威爾斯州站在愛護動物的立場，透過法律禁止民眾觸碰無尾熊。

BEST
2 **袋熊**
Wombat

我不太喜歡白天

在這裡看得到 ♪ A C

以圓滾滾的身體和塌鼻為特徵的草食性動物，身長70～120cm，棲息於澳洲東南部和塔斯馬尼亞。袋熊的育兒袋是向後開口，因此在挖掘巢穴時，土砂不會落進袋中。

滾來滾去

BEST
1 **無尾熊**
Koala

如果能遇到我醒著，算你幸運

睡醒後口好渴…

在這裡看得到 ♪ A C

僅棲息於澳洲東部的夜行性動物。作為主食的尤加利樹葉由於營養價值低，牠們為了節省體力，1日都會睡上20小時。沒有尾巴，母無尾熊的腹部有育兒袋。

來到雪梨就想看的

雪梨觀光焦點 **3**

澳洲人氣動物 BEST **10**

Oz animal

澳洲除了有袋類動物，還棲息著眾多歷經獨特演化過程的珍禽異獸。
編輯部針對到訪雪梨時必看的澳洲動物所做的排行榜。

比跳躍能力，我可不會輸喔～

在這裡看得到 ♪ A C

有袋類的代表動物，全澳洲都有牠的蹤跡。種類繁多，從體長30cm的小型種至1.5m的大型種皆有，運用長又粗的尾巴和後腿，一邊跳躍一邊移動。

我只能往前進…

BEST
3 **袋鼠**
Kangaroo

BEST
4 **沙袋鼠**
Wallaby

別把我和袋鼠搞混了喔

在這裡看得到 ♪ A C

棲息於森林地區的袋鼠科動物，體長30cm～1m，基本習性與袋鼠極為相似，但是後腿較小、尾巴較短。打鬥時的踢蹬力道十分驚人。

Check!
於塔隆加動物園等地方，可以體驗餵食沙袋鼠，是個近距離觀看的好機會！

搆不到癢處(汗)

BEST 5 小藍企鵝
Little Penguin

漫步於夕陽時分的海岸

在這裡看得到 ♪ **B** **C** **D**

身長40cm、體重1kg左右，為世上體型最小的企鵝，別名神仙企鵝。雪梨郊外的曼力為其著名的繁衍地之一，也會居住在海岸附近的民宅走廊下方等地。

BEST 6 針鼴
Echidna

蜷曲身體後就像顆栗子喔

在這裡看得到 ♪ **A** **C**

棲息於全澳洲和新幾內亞，體長約40cm，除體毛外，還長有像針的刺，遭遇敵襲時會豎起這些刺保護自己。是種珍稀動物，雖是下蛋繁衍，卻會哺育母乳。

BEST 7 袋獾
Tasmanian Devil

在這裡看得到 ♪ **A** **C**

僅棲息在塔斯馬尼亞島的肉食性有袋類動物。身長60cm左右，但性情火爆，會獵食鳥類、魚類，甚至是小型沙袋鼠。由於會發出令人害怕的聲音，因此才會被稱為惡魔。

別看我長這樣，我食慾可是非常好～

BEST 8 傘蜥蜴
Frilled Lizard

找在日本也很受歡迎喔～

在這裡看得到 ♪ **A** **C**

臉部四周有著形狀獨特的薄膜，是種特別的蜥蜴。一查覺到危險，便會以後腳立起身體，張開薄膜威嚇敵人。若是敵人依舊毫不畏懼，牠就會張著薄膜以極快的速度奔跑。

BEST 9 小丑魚
Western Clownfish

我都躲在海葵裡喔

在這裡看得到 ♪ **B** **D**

橘色身體上的3條白線為最大特徵，因電影《海底總動員》而變得家喻戶曉，也是種非常受歡迎的觀賞魚類。能夠承受海葵的毒性，與其共生。

BEST 10 龍王鯛
Napoleon Fish

別說我是香腸喔！

在這裡看得到 ♪ **B** **D**

棲息於橫跨印度洋至太平洋的熱帶海域，為世上最大的隆頭魚，全長甚至可達2m。向外突出的瘤狀額頭由於形似拿破崙戴的帽子，英文才會因此如此稱呼。喉嚨深處長有堅硬的牙齒。

＼ 在這裡看得到！ ／

A 雪梨野生動物園
Wildlife Sydney Zoo
達令港

DATA→P22　MAP 別冊P12A2

設施規模	☆☆
動物種類	☆☆
互動度	☆☆
交通	☆☆☆

B 雪梨海洋生物水族館
Sea Life Sydney Aquarium
達令港

DATA→P23　MAP 別冊P12B2

設施規模	☆☆☆
動物種類	☆☆
互動度	☆
交通	☆☆☆

C 塔隆加動物園
Taronga Zoo
北雪梨

DATA→P65　MAP 別冊P5C1

設施規模	☆☆☆
動物種類	☆☆☆
互動度	☆☆☆
交通	☆☆☆

D 曼力海洋世界
Manly Sealife Sanctuary
曼力

DATA→P65　MAP 別冊P3D1

設施規模	☆
動物種類	☆☆
互動度	☆☆
交通	☆☆

海陸生物齊聚雪梨

來趟動物園&水族館之旅！

zoo & aquarium

澳洲是珍奇動物及魚類的寶庫！走趟交通極為便捷、
位在雪梨市中心的動物園&水族館，讓澳洲動物療癒心靈！

四處都有標誌和動物的模型

隔著玻璃觀察動物，也有能夠入內的展示區

雪梨野生動物園
Wildlife Sydney Zoo
達令港　　　MAP 別冊P12A2

9大展示區中
人氣動物大集合

園內重現接近大自然的生態系，於此種環境中飼育著100種共超過1000隻的澳洲本土動物，遊客能於展示區裡近距離觀察動物。園方每日都會準備各式免費節目，也可聽聞關於動物生態的趣事。

🚃市區鐵路電車TOWN HALL站步行10分
🏠Aquarium Pier　☎(1800)206-158
🕐9時30分～18時(秋冬～17時，最後入園時間為閉園前1小時)　無休　💰A$40

參觀重點 Pick Up!!

其1 無尾熊合影行程

可近距離觀看可愛的無尾熊，還能一起合影留念。不同合影方案會收取不同費用，而且不得觸碰無尾熊，還請留意。

🕐設立即受理(需20分)　💰A$20～

也有能與無尾熊共進早餐的行程。

其2 袋鼠解說行程

飼育員會於袋鼠解說行程講解袋鼠的生態，過程中若有袋鼠或沙袋鼠靠過來，可以摸摸牠們。

🕐16時
💰免費

袋鼠靠過來吃飼料時可就近觀賞

其3 鱷魚解說行程

於卡卡度溪谷的展區中，能夠聽聞世上最大鹹水鱷的相關趣事。此種鱷魚的身長可達5m，血盆大口和下顎的咬合力魄力驚人！

🕐12時30分(需45分)
💰免費

悠游水中的身影也是氣勢十足

🐨 館內遊逛方式

館內共分為11個區域，起點為蝴蝶展區，接著是無尾熊展區、岩壁地帶展區、爬蟲類展區。無尾熊展區分為前半和後半，因此有2次看見牠們的機會。佔地最大的半乾燥地帶展區可以入內參觀。

這裡有這些動物！

沙袋鼠／兔耳袋狸／袋貂／袋熊／針鼴／笑翠鳥／鶴鴕等

🐨 節目排程

袋獾解說行程	10時30分
袋熊解說行程	11時
澳洲動物冒險秀	11時30分、13時、14時30分
鱷魚解說行程	12時30分
無尾熊解說行程	13時30分、15時30分
鶴鴕解說行程	14時
袋鼠解說行程	16時

🐨 伴手禮就選這個！

←袋鼠造型磁鐵A$3.99

→無尾熊鑰匙圈，3個一組A$6.99

館內也可見到明星動物儒艮，牠最愛吃萵苣

宛如沉浸在水中世界的空間

雪梨海洋生物水族館
Sea Life Sydney Aquarium

達令港　MAP 別冊P12B2

觀賞澳洲的海洋生物

此水族館為南半球規模最大的水族館，從全澳洲匯集了約700種的水中生物。館內的海底隧道，無論天花板還是地板都用玻璃打造，極具震撼力。可愛的儒艮、棲息於雪梨港灣的鯊魚悠游其中，大堡礁中五彩繽紛的熱帶魚也都是必看焦點。

市區鐵路電車TOWN HALL站步行10分
Aquarium Pier　(1800)199-657
9時30分～19時(入園時間～18時)
無休　A\$40 必見　30～120分

參觀重點Pick Up!!

其1 大堡礁

大堡礁位於澳洲東北海域，此處重現該區生物的棲息地，能夠欣賞到生活在巨大水槽中的熱帶魚、珊瑚和海星等生物。

在隧道內鯊魚游經頭頂，極為震撼

其2 鯊魚谷

此區重現鯊魚和魟魚棲息的深海環境。水槽由於呈現隧道狀，因此可從側面或下方觀賞巨大的鯊魚。瀕臨絕種的鯊魚和大型肉食性魚類千萬不要錯過。

\ 也有這種體驗行程 /
參加「Glass Bottom Boat & Shark Feed」行程，便能乘坐底部為玻璃的船隻，自水槽上方窺探水中世界，同時還能觀賞鯊魚餵食秀。
每日11時(需45分)　A\$15

有的魚兒成群悠游，有的獨自孤行，型態各自不同

能夠親手觸摸活的海星，體驗觸感

其3 企鵝餵食秀

小企鵝走路的模樣非常可愛

館內可欣賞小藍企鵝的餵食秀，此種企鵝棲息在雪梨港灣和澳洲南海岸，每日15時於南海岸沈船區舉行。

館內遊逛方式

首先參觀澳洲湖沼和雪梨港灣、紅樹林的原生地展區，接著穿過儒艮和鯊魚徜徉的水中隧道後，即可抵達大堡礁展區。

這裡有這些動物!

儒艮／鴨嘴獸／海狗／魟魚／烏龜／龍王鯛曲紋唇魚／水母／珊瑚等

來這裡小歇!

Aqua Cafe
Aqua Cafe

位在水族館入口的咖啡廳，能夠吃到各種飲料和蛋糕等輕食。不必入館也能夠進去用餐。

9時30分～18時
無休

最暢銷的拿鐵咖啡A\$4.50

店內常備數種蛋糕A\$5～

伴手禮就選這個!

←小丑魚鑰匙圈A\$4.99

→烏龜鑰匙圈A\$3.99

儒艮玩偶
A\$12.99／S
A\$19.99／M
A\$29.99／L

鬆餅到三明治，應有盡有

美味可口的早餐

雪梨有許多咖啡廳早晨就開始營業，早餐菜色也十分豐富。
稍微早起一些，吃個早餐儲備所需的體力！

Breakfast

這道也是推薦餐點！

鬆餅

**瑞可塔起司熱鬆餅
佐香蕉＆蜂巢奶油**
A$ 21

在日本也掀起一陣熱潮的傳說熱鬆
餅，淋上滿滿的楓糖後盡情享用！

**炸甜玉米餅
佐烤番茄菠菜培根**
A$ 22

人氣餐點之一。將玉
米粒烤至酥脆，再夾
入培根和蔬菜

Yum, Yum!

**有機美式炒蛋with
烤酸麵包片**
A$ 14.50

廣受好評的美式炒蛋，
口感鬆軟到心生感動，
與烤麵包片非常搭。

Bills

國王十字區   別冊**P9C1**

在話題鼎沸的咖啡廳中吃早餐

於日本開設數家分店的高人氣咖啡廳。
雪梨也有3間店，此達令赫斯特店為首家
分店。就去嘗嘗備受各國上流人士喜
愛，世界第一美味的早餐吧！

DATA 交市區鐵路電車KINGS CROSS站步行15分
住433 Liverpool St. 電(02)9360-9631
營7時30分～14時30分（週日8時～） 休無休

↑時髦的店內以
白色和木製家具
為基調
→將雅致的排屋
改裝成咖啡廳

他處也有分店！
Bills
（莎莉丘店）
DATA→P49

Pancakes on the Rocks

岩石區　　MAP 別冊P10B1

老字號鬆餅專賣店

店內販售的鬆餅超過10種，每種都放上了水果或冰淇淋等各式配料。此外，也有販售不甜、搭配起司的鬆餅和各種口味的可麗餅。24小時營業更是一大亮點。

DATA 市區鐵路電車CIRCULAR QUAY站步行8分 4 Hickson Rd. (02)9247-6371 24小時 無休

鬆餅

草莓鬆餅
A$ 13.95
基底為白脫牛奶的鬆餅，搭配份量十足的新鮮草莓、鮮奶油和香草冰淇淋

墨西哥脆片A$14.95也值得一試。請將酥脆的玉米片和墨西哥風味的辛香配料一起送入口中

創業以來就深受當地人喜愛的名店，下午茶晚餐時段還會出現排隊人龍

Aero Cafe Bar

中心區　　MAP 別冊P8A1

早餐菜色十分豐富

位在與TOWN HALL站相連的大廈1樓，十分便利。店家早餐菜色豐富，諸如起司火腿吐司、炒蛋、烤麵包等常見類型到穀類脆片，一應俱全。還可搭上一杯現磨的有機豆咖啡好好享用。

法式烤起司火腿三明治

火腿起司烤三明治
A$ 17
將土司烤得酥脆之外，還鋪上火腿和濃稠起司，真是叫人垂涎三尺，為此店的招牌早餐

穀類脆片及窯烤燕麥多穀片佐西洋梨A$14也很受歡迎。其中也加入了水果乾，因此分量和營養都相當充足

店內光線稍暗，散發沉穩氛圍。面向街道的露天座位也備受歡迎，可邊觀賞街景邊享用美食

DATA 市區鐵路電車TOWN HALL站步行1分 580 George St. (02)9283-7026 8~23時(週六10時~、週日10~22時) 無休

Sonoma Bakery Cafe Paddington

帕丁頓區　　MAP 別冊P9C2

颳起旋風的烘培坊

在雪梨帶起酸種酵母麵包熱潮的烘培坊，開設了此間直營咖啡廳。使用天然酵母製作的手工麵包，會依季節改變配方，直接吃或烤來吃都美味。

DATA 搭乘378、380路巴士至維多利亞軍營對面的巴士站步行10分 241A Glenmore Rd. (02)9331-3601 7~15時 無休

開放式三明治

番茄酪梨佐菲達起司開放式三明治
A$ 16
此道早餐是在招牌酸種酵母麵包上鋪滿新鮮蔬菜和起司，擠點檸檬也很可口

「西班牙香腸搭馬鈴薯太陽蛋」，附酸種酵母麵包」A$18。請先用刀子劃開太陽蛋，沾取濃稠的蛋黃一起食用

剛出爐的麵包滿滿陳列著。人氣麵包在中午時段就會銷售一空

無論是午餐還是下午茶，到這裡就對了
來人氣咖啡廳小歇片刻

遊逛雪梨街區，隨處都能看見咖啡廳。
許多店家都有提供豐富餐點，午餐或逛累時可以進去坐坐。

La Renaissance Patisserie

> 岩石區   **MAP** 別冊**P10B3**

陶醉在充滿藝術美感的甜點
此間雅致的咖啡廳中能品嘗到口感細膩的法式蛋糕。店門口設有玻璃櫃，店內中庭則有露天座位。肚子有點餓時，剛好能吃些店家自製的麵包和法式鹹派。

備受喜愛的秘訣是…
造型可愛
的蛋糕

蛋糕外帶
A\$7.50～，
內用
A\$9.50～

玻璃櫃中排列著美麗的蛋糕

DATA 交市區鐵路電車CIRCULAR QUAY
站步行5分 地47 Argyle St. ☎(02)
9241-4878 時8～18時 休無休

馬卡龍1個A\$3～，也
很適合買來作伴手禮

莓果口味蛋糕「高更的眼淚」
A\$7.50

丹麥香頌
1個A\$4

備受喜愛的秘訣是…
種類豐富的
麵包

招牌麵包是香酥
的可頌A\$3.50

推薦當點心吃的
檸檬塔A\$5.50

滿是葡萄乾
的葡萄麵包
A\$4.50

辛香味十足的
薑味塔A\$5.50

Bourke Street Bakery.Surry Hills

> 莎莉丘   **MAP** 別冊**P8B3**

大排長龍的麵包店
當地人氣極高的烘培坊。除了陳列天然酵母麵包外，還有水果塔和法式鹹派等剛出爐的手工麵包。雖然也能在店內用餐，但要有排隊的心理準備。

店外也設有簡便的用餐座位

DATA 交市區鐵路電車CENTRAL站步行13
分 地633 Bourke St. ☎(02)9699-1011
時7～18時（週六、日8～17時） 休無休

Check!
咖啡小小知識

在澳洲稱呼咖啡的方式與台灣略為不同，常聽見的叫法是「黑／白」、「長／短」。以下將介紹具代表性的幾個種類。

短黑
Short Black
意指一般的義式濃縮咖啡。各店的裝盛方式不同，有的會裝在小玻璃杯中。

長黑
Long Black
於義式濃縮咖啡添加熱水的咖啡。與台灣稱為黑咖啡的味道最相近。

平白
Flat White
將義式濃縮咖啡和溫過的牛奶，以1：2的比例調和，並於咖啡表面淋上起泡的牛奶。

卡布奇諾
Cappuccino
將起泡的牛奶倒入義式濃縮咖啡，再加入可可亞粉等。

拿鐵咖啡
Cafe Latte
將溫過的牛奶倒入義式濃縮咖啡中。端出時多裝在玻璃杯中。

Kürtősh House
莎莉丘

MAP 別冊P8B3

品嘗匈牙利的傳統美味

能享用到酥皮點心、煙囪捲和無麩質平板蛋糕等匈牙利糕點，其中煙囪捲甚至被拿來當作店名。從揉麵到烘焙全在店內進行，所以能大啖剛做好的美食。

DATA 市區鐵路電車CENTRAL站步行17分 604-606 Crown St. (02) 9319 7701 7～22時（週六、日、國定假日8時～）無休

許多當地人也是上門顧客

備受喜愛的秘訣是…
手工酥皮點心

於店內從揉麵團開始製作

平板蛋糕和酥皮點心都可外帶

同時也為店名的煙囪捲A$7.50～9.50

備受喜愛的秘訣是…
手工精釀生啤酒

最受歡迎的品酒套餐 A$25

使用100%麥芽，以傳統釀造法釀製啤酒

該店啤酒在海內外獲獎無數

Redoak Boutique Beer Cafe
中心區

MAP 別冊P13C2

舉起店家自釀的生啤酒，乾杯

店內釀製了覆盆子、巧克力等超過30種風味獨特的無添加啤酒，創意菜色也廣受好評，推薦能夠品嘗4種啤酒和菜餚的品酒套餐。

設有用餐和吧檯空間

DATA 市區鐵路電車TOWN HALL站步行10分 201 Clarence St. (02)9262-3303 12時～22時30分（週五、六～24時）週日休

於美食之都的卓絕餐廳

大啖晚餐饗宴 *Dinner*

時髦的澳洲菜餚至海鮮大餐，雪梨飲食文化的底蘊著實豐厚。
在萬中選一、代表美食之都的餐廳裡，享用一盤足以化為回憶的美饌。

Rockpool

〉中心區〈　MAP 別冊P7C2

高級餐飲的老店

代表澳洲的明星主廚Neil Perry
加入各國餐飲元素，打造出獨一
無二、總是受各界矚目的美味佳
餚，採用新鮮魚貝類的菜色特別
獲得好評。

DATA 交 市區鐵路電車CIRCULAR QUAY
站步行5分　住7 Bridge St.
電(02)9252-1888　營12時～14時30分、
18時～21時30分　休週六中午、週日
※營業時間可能改變

**山羊乳酪千層麵
佐甜菜＆菊苣**
切面整齊美麗的千層麵和細膩的擺
盤，宛如一道甜點。

店內散發的豪華氛圍

\ 主廚是這個人 /

Neil Perry

澳洲最有影響力的
主廚之一，確立時
尚澳洲菜的地位，
同時還撰寫食譜書
籍和負責澳洲航空
部分航班的機內餐
點，活躍於各種領
域。

**※明星
主廚的店**

眾多海內外美食家
注目的明星主廚，
匯集雪梨開設餐廳，
由極富盛名的主廚
負責的店家
請看本書介紹。

此道菜餚以章
魚、花枝和菇
類拌柚子醋醬
汁而成

Glass Brasserie

〉中心區〈　MAP 別冊P13D3

深深吸引世上的赫赫名流

此處為主廚Luke Mangan跨國展
店的餐廳之一，能享用到以法國
菜為基底，再加上主廚感性的摩
登澳洲美食。店內也備有種類豐
富的搭餐紅酒。

DATA 交 市區鐵路電車TOWN HALL站步
行3分　住H Hilton Sydney(→P80) 3F
電(02)9265-6068　營12～15時、18時～
深夜　休週六、日中午

均勻攪拌炒過的義式
麵疙瘩、玉米粒、蘆
筍和櫛瓜後，再用帕
瑪森起司、檸檬和百
里香調味

**青甘生魚片
A$ 30**
淋有薑與紅蔥醬汁的青甘生魚片，配
料為波斯風的菲達起司

既豪華又廣闊的挑高
空間

\ 主廚是這個人 /

Luke Mangan

代表澳洲的頂級主
廚之一，曾負責以
美國總統為首的各
國賓客晚宴，同時
也替維珍澳洲航空
操刀機上餐點。

OZ澳洲牛

酪農大國澳大利亞的
代表性食材，
除講究飼養方式之外，
提供高品質牛肉的店家
也相當多。推薦單純做成
牛排品嚐即可。

Prime Restaurant

>中心區<　　MAP 別冊P13D1

高級牛排名店

能夠品嚐到澳洲產和牛、安格斯
黑牛等最高級的澳洲牛肉。充分
發揮出沙朗和肋眼等各部位美味
的牛排，生熟度的掌握一流。

DATA 交市區鐵路電車MARTIN PLACE站
步行2分　住GPO(→P60)地下1F 電
(02)9229-7777　時12～15時(僅週二～
五)、18～22時　休週一、六中午、週日
休

極品級菲力牛排
A$ 57 (250g)
澳洲產品牌牛隻的小牛牛排，可選擇醬
汁和配菜馬鈴薯的烹調方式

店內裝潢走紐約風

位在舊郵局改裝而成
的大樓G.P.O.中

澳洲產和牛的韃靼牛肉A$32

嚐鮮拼盤
A$ 20.50
可由鮮蝦冷盤或鮭魚片等5～6種冷盤餐
點中挑選4樣。會依當日進貨情形調整
備選菜色。

鮮度破表的烤鯛魚佐薯條A$28.50

玻璃櫃中排著看起來
十分可口的熟食

位在美食區中，可輕
鬆入內用餐

海鮮

港都雪梨由於擁有新鮮的
魚貝類，因此能大啖
鮮度十足的海產菜餚，
讓發揮食材美味的
海中珍饈，
大大滿足您的味蕾！

Cod&Co

>中心區<　　MAP 別冊P13D3

享受在地海產

由海鮮專家John Susman一手策
畫的餐廳，他還會為著名餐廳提
供魚貨。每日進貨的海產保證新
鮮。

DATA 交市區鐵路電車TOWN HALL站步
行5分　住Westfield Sydney(→P72)5F
電(02)8252-6551　時10:30～17:00(僅週
四～21時30分、週五～20時、週六～19
時)　休無休

雅致的拱廊商場

QVB血拼去

Shopping

維多利亞女王大廈（QVB）於1898年落成，作為市集使用。
超過160間店家進駐此棟美麗的建築，人們能在這裡優雅地享受購物之趣。

面對喬治紀翰街的建築物

每小時天花板時鐘的裝置就會動作

維多利亞女王大廈
Queen Victoria Building

MAP 別冊P13C4 ｜中心區｜

🚃市區鐵路電車TOWN HALL站即到 🏠455 George St. 📞(02)9264-9209 🕐9～18時（週四～21時、週日11～17時）※視店鋪而異 🈺無休 ⏱30～120分

※樓層標示為LG2（地下2樓）、LG1（地下1樓）、G（1樓）、L1（2樓）、L2（3樓）、L3（4樓）

＼ 參加館內導覽行程♪

大廈會舉辦館內導覽行程，講解QVB的歷史和建築樣式。請於1樓服務台或以電話報名，僅提供英語導覽行程。

📞(02)9264-9209 🕐11時30分～（需45分）
🈺週一、三、五、日 💰A$15

Ikou ｜美妝品｜

於天然美妝品店中探尋自身喜愛的芬芳

商品陳列在明亮的店內，分類為護膚類、香氛蠟燭等的室內香氛類、特殊保養品類等。推薦購買置於竹編籃內的有機香草茶作為伴手禮。

🚃與QVB相同 🏠Store9 ,LG 2 📞(02)9264-3002 🕐9:00～18:00（週四～21時、週日11～17時） 🈺無休

←依肥皂、精油、香氛燭等，分門別類擺放

A$39.95 →
包裝也很漂亮的按摩油

←澳洲當地生產的有機香草茶 1個A$17.95

↑使用澳洲原生種植物檸檬香桃木製成的肥皂

My Wallet ｜配件｜

義大利色調的皮革產品

店內陳列著皮包、卡片夾和包包等眾多配件，皆由五彩繽紛的顏色拼成而成。乍看之下十分樸素高雅，內裡卻是五顏六色，然而這種落差也是一大特徵。價格相當親民，特別受到女生歡迎。

🚃與QVB相同 🏠Level2, Shop34-36 📞(02)9266-0064 🕐10～18時（週四～20時、週日11～17時） 🈺無休

←光是走走看看很開心

A$39.95 →
心型零錢包

→放得進智慧型手機的大錢包A$180

Haigh's 巧克力

品味講究的巧克力

1915年創業的巧克力專賣店。於自家工廠烘焙新鮮可可豆,以傳統工法製作柔順滑口的巧克力。商品包裝也十分洗練,適合作為伴手禮。

🚇與QVB相同 🏠Store52,G 📞(02)9261-4500 🕐8:00～20:00(週四、五～21時、週日10～18時) 🚫無休

←分量滿點的綜合松露巧克力A$71.50

→位在QVB 1樓最南端的入口

直徑12cm的心型牛奶巧克力A$16.95

單顆巧克力是以公克為販售單位

因種類太多而感到煩惱時,可請店員推薦

瑰珀翠
Crabtree & Evelyn 護膚保養品

豐富生活的華貴香氣

主要銷售身體保養、香氛、沐浴用品的品牌。以英國的生活模式為概念,提倡充滿香氛的生活型態。商品有香體粉A$24(75g)等。

🚇與QVB相同 🏠Store 6/8, L1 📞(02)9267-5140 🕐9～18時(週四～21時、週日11～17時) 🚫無休

←帶有花香的暢銷系列

→以白色為基調的店內飄散迷人香氣

Florentine. 文具

用高雅的文具寫封信吧

主打讓人覺得回到中古歐洲的仿古文具。店內商品皆為義大利製,可購得羽毛筆、墨水和封蠟章等講究的文具。

←宛如穿越時空來到中古世紀

→華麗的羽毛筆A$89～

🚇與QVB相同 🏠Store22, L2 📞(02)9264-6055 🕐10～18時(週四～20時、週日11～17時) 🚫無休

T2 茶

下午茶就喝杯香氣濃郁的紅茶

發跡於墨爾本的澳洲超人氣茶葉專賣店。店內販售紅茶、中國茶、香草茶等超過180種茶葉,皆是從世界各地精挑細選而來的好茶。可邊試飲邊慢慢挑選喜愛的茶種。

🚇與QVB相同 🏠Store19/21, LG2 📞(02)9261-5040 🕐9～18時(週四～21時、週日10～17時) 🚫無休

50g玫瑰茶A$12～

↑時髦的店內陳列著茶葉和茶具

→茶杯&茶盤套組A$28

Check!!

值得一去的美食店家

Yama Japanese Cafe Restaurant 和食

在豪華空間內享用和食

從定食、麵類等招牌類和食,到沙拉、湯品和泰國菜等應有盡有,菜色豐富。紅酒、啤酒和茶等飲品種類也非常多樣,能夠悠閒用餐。

🚇與QVB相同 🏠Store2/4, L2 📞(02)9269-0080 🕐9時30分～19時(週四、五～21時) 🚫無休 午A$20～、晚A$30～

The Tea Room 咖啡店

在高雅的咖啡座裡歇息片刻

由舞廳改裝而成的咖啡廳。下午茶組A$45～很受歡迎,可品嘗茶和放置在3層點心架的三明治、蛋糕等。內售約30種紅茶。

🚇QVB相同 🏠L3 📞(02)9283-7279 🕐晨表10～12時、下午茶10～17時(週六～15時) 🚫無休 午A$20～

Sublime Gelato 義式冰淇淋

來點健康的義式冰淇淋喘口氣

玻璃櫃中陳列著五彩繽紛的義式冰淇淋,使用水果、優格等製成的冰淇淋共有20種,由於未使用人工甜味劑,因此能享受食材美味。

🚇QVB相同 🏠Store 32, LG2 📞(02)9637-5606 🕐9～18時(週四～21時、週日11～15時) 🚫無休 A$4.90～

兩大球疊在一起的義式冰淇淋A$7.70

時尚達人看這裡

Check! 澳洲品牌
Aussie Brand

澳洲品牌在台灣也越來越受到歡迎。
在當地早一步入手設計感與實用性兼具的單品吧。

Alice McCall

大膽又充滿女人味的設計
極富人氣

花朵圖案和柔軟飄逸的服飾輪廓，大受時髦女性的喜愛。此品牌由於十分講究細節和材質，因此也能穿得非常高雅。

洋裝 A$320
此件漂亮的洋裝連肩部蕾絲和刺繡等都非常講究，下襬稍稍前短後長是設計重點

上衣
正面採用大膽的花朵刺繡，十分醒目，是件非常有alice McCALL味道的經典設計

A$250～

A$220

短褲
採用與上衣相同設計的短褲。搭配設計簡約的上衣，也能穿出一番味道

〔帕丁頓區〕 MAP 別冊P9C2
DATA 🚌搭乘378、380路巴士到維多利亞軍營對面的巴士站步行即到 🏠Shop 10, 10-16 Glenmore Rd. 📞(02)9357-1126 🕐10～18時、週四～19時、週日11～17時 無休

店內以白色為基調，小而雅致，散發出可愛的氛圍

Peter Alexander

時尚睡衣
讓您一夜好眠

睡衣和居家服的專賣店。滿是粉紅色的店內，陳列著各式睡衣、配件和生活雜貨等。也備有男用和孩童用商品。

A$69.95

女性睡衣組
黑色襯衣&睡衣套組，裝於禮物盒中

短褲
常見的睡衣用短褲，材質柔軟，舒適度極佳。長版的為A$49.90

A$39

A$49.95

居家鞋
此室內鞋底部鋪有軟墊，力求穿鞋時的舒適感。閃亮亮的前端飾品為設計重點

〔中心區〕 MAP 別冊P13D3
DATA 🚃市區鐵路電車TOWN HALL站步行5分 🏠Westfield Sydney(→P72) 1F 📞(02)9223-7451 🕐9時30分～18時30分(週四～21時、週日10時～18時) 無休

內售亮色系睡衣，感覺會讓人期待睡覺時間

Helen Kaminski

全世界都喜愛的
帽子和包包

澳洲的代表品牌。著名的帽子和包包是用馬達加斯加產的棕櫚樹皮纖維、拉菲亞樹葉纖維編織而成。產品變化也極為多元。

A$265
編織帽
採用透氣性佳的麻料，仔細編織而成，是此店的招牌草帽。可稍稍折低帽緣，體現充滿女人味的氛圍

A$375
手提包
手工編織、質感極佳，而且大小適中。採用100%棉料襯布，還附有拉鍊。

A$85
遮陽帽
大受歡迎的髮箍式遮陽帽。設計重點在於脫下時不會弄亂髮型。

〔中心區〕 MAP 別冊P10B4
DATA 🚃市區鐵路電車CIRCULAR QUAY站步行3分 🏠Shop3, 199 George St. 📞(02)9251-9850 🕐10～18時 無休

不妨前往商品數量首屈一指的雪梨直營店尋找心儀物品

Rip Curl

泳裝
兩穿式泳裝，繫上衣繩後也可當作繞頸式露背裝

身穿顏色搶眼的泳裝成為海灘上的耀眼焦點

澳洲的代表衝浪品牌。衝浪板、潛水衣不在話下，也有販售泳裝和潮流服飾。

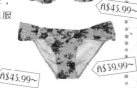

A$45.99~

A$39.99~

A$45.99~

泳裝
裝飾在上衣正面的大蝴蝶結，和下褲的波形褶邊非常可愛

A$45.99~

3層樓的建築中，從時尚服飾到衝浪用品，應有盡有

〔中心區〕 **MAP** 別冊P13D3

DATA 市區鐵路電車ＴＯＷＮ HALL站步行5分 61-63 Market St. (02)9264-6777 9~18時（週四~21:00) 無休

Crumpler

出色的多功能包包專賣店

除了招牌郵差包以外，還推出相機包、筆電包等力求功能性的人氣包款。使用強韌的尼龍材質。

A$145

郵差包
說到Crumpler就不得不提郵差包，內附可拆卸的護肩片、固定帶

托特包
店員強力推薦款。能輕鬆放入A4大小的雜誌或筆記型電腦，內外側都設有袋子，十分方便。

A$85

店內的陳列方式也十分獨特，光是逛逛都很有趣

〔中心區〕 **MAP** 別冊P13D2

DATA 市區鐵路電車ＴＯＷＮ HALL站步行5分 Strand Arcade(→P73) 1F (02)9222-1300 9時~17時30分（週四~20時、週六~17時、週日11~16時）無休

UGG Australia Collection

羊皮靴的代表品牌

「UGG」是指羊皮產品的總稱。UGG Australia雖是美國品牌，但在澳洲和台灣都擁有極高的人氣。

A$89~

莫卡辛鞋
顏色種類豐富，穿搭方式也是千變萬化

A$129~

Mini Bailey Button
亮點在於靴上的單扣，為UGG的招牌系列，無論牛仔裝還是連身裙打扮都很適合

〔中心區〕 **MAP** 別冊P7C3

DATA 市區鐵路電車ＴＯＷＮ HALL站步行5分 388 George St. 02-9223-9222 9~20時（週四、五、六~21時、週日10時~）無休

Dinosaur Designs

項鍊
大膽的設計及圖樣引人注目，肯定會成為時尚焦點

有溫度的手工單品

發跡於雪梨的珠寶、居家用品品牌。商品使用摔到也不易碎裂的樹脂材質，而且全為世上獨一無二的手工單品。

A$316

A$55

手環＆戒指
無論配色還是花樣都十分繽紛，同款花樣的搭配也相當時髦，而且質地輕盈，戴起來非常舒適

A$45

店內陳列著顏色鮮豔的單品，而且每樣都有些不同，值得玩味

〔中心區〕 **MAP** 別冊P13D2

DATA 市區鐵路電車ＴＯＷＮ HALL站步行5分 The Strand Arcade(→P73) 2F (02)9223 2953 9時30分~17時30分（週四~20時、週六10~17時、週日11~16時）無休

天然護膚品牌大集結
有機美妝品讓你成為素顏美女！

Organic cosmetics

澳洲自古以來就一直力行能夠促進個人自然療癒力的健康之道。
透過運用大自然恩澤的美妝品，追求極致美感吧！

茉莉蔻
Jurlique

添加有機草本

在台灣也享有高知名度的天然護膚品牌，作為產品原料的草本植物皆由位於澳洲南部的農園栽種生產。所有商品都是以植物成分調配而成。

除MidCity Center設有直營店外，West field Sydney（→P72）也有

【中心區】　【MAP】別冊P13D2

DATA 🚃市區鐵路電車TOWN HALL站步行5分　🏠Shop 51, Mid City Centre, 420 George St.　📞(02)9235-0928　🕙9～18時（週四～21時、週六9時30分～17時30分、週日11～17時）　公休無休

玫瑰保濕潤透乳
A$45 50mℓ

玫瑰香氣十分療癒

1瓶中使用了8000片玫瑰花瓣的玫瑰活膚露A$49 100mℓ

也有大容量！

以金盞花、玫瑰、紫羅蘭等植物調配而成的玫瑰護手霜A$29 40mℓ

也可拿來洗手

十分清爽的天竺葵身體潔膚露A$47 500mℓ。所有類型的肌膚皆適用

保濕效果高的天竺葵身體去角質露A$37 120mℓ。用起來不黏稠，感覺Good

富含維他命E的玫瑰果護唇膏A$15 6mℓ，塗抹後輕盈無負擔

像是在按摩似地使用即可

肌膚吸收速度快、能獲得高保濕效果的抗氧化保濕精華霜A$63 60mℓ

Aesop

使用植物萃取成分的天然美妝品

發跡於墨爾本的美妝品牌，除了台灣，也在全世界布局展店。旗下商品橫跨肌膚調理、身體保養、秀髮護理，以高雅包裝和好品質博得高人氣。Westfield Sydney（→P72）中也有設店。

Strand Arcade店環繞在翠綠色調之中，展售空間十分時髦

【中心區】　【MAP】別冊P13D2

DATA 🚃市區鐵路電車TOWN HALL站步行5分　🏠Strand Arcade（→P73）地下1F　📞(02)9235-2353　🕙9時～17時30分（週四～20時、週六～17時、週日11～16時）　公休無休

Mor

濃郁香氣撩起少女情懷

兩位設計師聯手創立此品牌，以身體保養為中心，打造出按摩精油、香氛蠟燭等設計洗練的生活相關商品。

Mor招牌系列商品花蜜手部＆身體乳液A$19.85 350mℓ

讓身體繚繞甜甜香氣

蕃茄身體潤膚霜A$16.95 50g。由於包裝精美，收到這個禮物的人一定會很開心

能於Myer等大型百貨公司和各大藥妝店購得商品，各店鋪陳列商品會有所不同

可搓揉出細緻泡沫的三層研磨香氛皂A$9.95 160g

散發果香

荔枝花淨手沐浴露A$29.95 500mℓ，會散發淡淡的甘甜荔枝香

〉中心區〈　　MAP 別冊P13D2

DATA 交 市區鐵路電車TOWN HALL站步行5分　住 Myer(→P73) 2F　電(02)9238-9111(Myer)　時9～19時(週四～21時、週五～20時、週日10～18時)　休無休

大受歡迎的防蟲噴霧

清涼香氣也非常適合用來防蟲。Outdoor身體噴霧A$15.95 125mℓ

用鎮靜香氛膏A$18.95 30g按摩太陽穴，解放沉重的腦袋

尋找自己喜愛的香氣

手工皂各A$9.95 150g。（左）以草原為意象的「Outdoor」、（右）薰衣草香的「Relax」

複方精油A$17.95 10mℓ。藉由香氛放鬆一下

Perfect Potion

擁有眾多天然材料製成的香氛商品

為天然香氛品牌，Outdoor系列在台灣也很受歡迎。也還有只用有機原料製成的精油、護膚和香草茶等商品。

位於中心區的直營店僅有維多利亞女王大廈店，該處備有旗下幾近全部的產品

〉中心區〈　　MAP 別冊P13C4

DATA 交 市區鐵路電車TOWN HALL站即到　住 維多利亞女王大廈(→P30)地下1F　電(02)9286 3384　時9～18時(週四～21時、週日11～17時)　休無休

Check!

能於藥妝店中購入的有機商品

MooGoo

誕生於牧場的商品

將原本使用在牧場牛隻身上的乳霜，開發成適用人體肌膚的獨特品牌。

A$12.95 有機玫瑰果油

A'kin&Al'chemy

以天然成分呵護全身

護膚＆護髮品牌，活用天然的力量，只用植物性原料製造商品。

也不會滲入眼睛裡 95髮絲不會造成話題的精油 A$14的洗

這裡買得到！

Pure Health

〉中心區〈　　MAP 別冊P13C4

借用有機商品的力量變健康

是間健康商店，主要販售美妝品、美容用品、天然保健食品等。重視健康的澳洲人也很信賴這家店。

DATA 交 市區鐵路電車TOWN HALL站即到　住 維多利亞女王大廈(→P30)地下1F　電(02)9264-3825　時8時～18時30分(週四～21時、週六～18時、週日11～17時)　休無休

在老字號百貨公司和超級市場中

尋找美味伴手禮 *Souvenir*

澳洲的人氣食品最適合當伴手禮，品質若為優先考量，
就去百貨高級賣場或高級食材店，若要以價格挑選，就走趟超級市場！

零食小點

澳洲招牌零嘴？

Tim Tam
各A$3.50
老牌巧克力餅Tim Tam，除黑巧克力、原味等經典風味之外，還有其他各式口味…D

手工餅乾
A$10.50／150g
原料精挑細選，Byron Bay的手工餅乾，白巧克力＆夏威夷果仁口味最受歡迎…A

夏威夷果仁
A$8.72／225g
自有品牌的Organic系列，除了堅果外，也有水果乾，種類豐富，十分推薦…C

巧克力
A$4.65／115g
以牛奶巧克力包裹大顆夏威夷果仁，是澳洲招牌伴手禮…C

牛軋糖
A$31.85／200g
以杏仁和蜂蜜呈現出多層次口感的義式牛軋糖，有軟式、硬式2種選擇…B

軟糖
A$4／260g
很受小朋友喜愛的The Natural Confectionery Co.軟糖，有各式口味和外型…D

造型小餅乾
A$2.99／200g
大小做成一口就能吃光的小餅乾，並於單面裹上牛奶巧克力。採可愛的小熊造型…C

巧克力牛軋糖
A$21.95／100g
為一種義式牛軋糖，內含以巧克力裹覆的杏仁、開心果和橘子皮…B

飲品

咖啡
A$13.95／250g
Byron Bay的經典混豆黑咖啡，採中烘焙，能夠品嘗芳香的尾韻…A

茶包
A$2.57／50包
澳洲最受歡迎的紅茶品牌，使用亞瑟頓高原產的茶葉…C

咖啡
A$14.95／250g
澳洲當地生產的咖啡，特徵在於清甜香氣和強烈的味道…B

食材

加到麵包和優格上

蜂蜜
A$3.99／250g
CAPILANO牌100%澳洲產蜂蜜，包裝種類眾多，分為瓶裝、軟管裝等，也備有多種容量大小以供挑選…**C**

沙丁魚罐頭
各A$9.95／100g
義大利老牌罐頭廠的沙丁魚產品，有番茄、羅勒等口味，外包裝也十分簡單俐落…**B**

調味醬料
A$14.95／200㎖
雪梨著名餐廳Tetsuya's（→P66）監製的生蠔用油醋醬…**A**

綜合香料
A$2.60／6種
奧勒岡、迷迭香等6種香料的綜合套組，還隨包附贈食譜，教您使用這些香料做菜…**D**

特級初榨橄欖油
A$17.95／250㎖
榨取西班牙加泰隆尼亞產橄欖得來的油品，辛辣與苦味的調和恰到好處…**B**

義大利麵醬
A$11.95／465g
Ogilvie & Co.遵照傳統保存法，手工製成的義大利麵醬。由於內含紅辣椒和椒鹽，因此有點辣…**A**

橘子果醬
A$9.95／454g
Country Cuisine使用新鮮橘子製成的手工橘子果醬。塗在吐司上就是一道美味早餐…**A**

顆粒黃芥末醬
A$8.95／210g
以法國傳統手法製作出的醬料，口感相當有深度，適合搭配烤肉或漢堡食用…**B**

杏仁醬
A$9.99／250g
Naturals系列採用100%杏仁的抹醬。塗在麵包享用之際，讓入覺得有些奢侈…**D**

Check!!
環保購物袋也讓人眼睛一亮！

Coles
A$1
鮮豔的綠色為最大特徵，雖然有點不夠耐用，但價格划算

Woolworths
A$2.20
即使是重物也能負荷，簡約設計也深受好評

David Jones
A$0.95
也有食材區專用的環保購物袋A$9.95

A David Jones（食材區）
中心區 　MAP 別冊P13D3
高級食材薈萃的百貨高級賣場
位於高級百貨公司David Jones本館的食材賣場。採購專員精挑細選，從國內外引進最高級的食材。

市區鐵路電車TOWN HALL站步行5分　65-77 Market St. ☎(02)9266-5544 營9時30分～1.9時（週四、五～21時、週六9時～、週日9時30分～）休無休

B Simon Johnson
帕丁頓區 　MAP 別冊P9D3
雪梨的優質高級食材商店
為高級美食商店，主要販售自家原創品牌的商品，洗練的商品外包裝也備受喜愛。2樓有賣廚房用具。

自中心區搭乘389路巴士於WOOLLAHRA下車，步行3分　55 Queen St., Woollahra ☎(02)8244-8255 營10時～18時30分（週六9～17時、週日～16時）休無休

C Woolworths（市政廳店）
中心區 　MAP 別冊P13D4
與車站相通，商品種類也豐富
於全澳洲展店的大型超級市場，市政廳店共有1樓和地下1樓兩層樓，主要販售食品，也有生活雜貨等。

市區鐵路電車TOWN HALL站步行即到　Cnr. Park & George St. ☎(02)8035-9275 營6～24時（週六、日8時～）休無休

D Coles（中央喬治街店）
中心區 　MAP 別冊P13C1
分送用伴手禮的寶庫
與Woolworths並駕齊驅的大型超級市場，也擁有豐富的自有品牌天然食品。喬治街上開有2家店，交通也便捷。

市區鐵路電車MARTIN PLACE站步行4分　388 George St. ☎(02)9221-3119 營6～24時（週六、日8～22時）休無休

去看看手工藝品、挖挖寶♪

週末來去逛市集！

雪梨各地有在週末舉辦的市集
能看到攤販主人蒐羅的骨董或手工生活雜貨等商品，或許有機會挖到寶。

※各市集的電話是辦公室等的號碼

Weekend market

檸檬水攤的老闆
湯米

岩石區
市集
The Rocks Markets
〔 岩石區 〕

MAP 別冊P10B1

人聲鼎沸的
手工藝品市集

開設在歷史悠久的岩石區街區。位
在旅客也便於前往的地理位置，可
於此處購入製作時帶入澳洲特色的
商品做為伴手禮。週五為食品市
集。

🚉市區鐵路電車CIRCULAR QUAY站步行
10分 🏠George & Playfair Sts. 📞(02)
9240-8717 🕙10～17時(視天候調整)
🈲週一～五

共有超過200家
攤販

這裡有這種店 ♪

針鼴造型
的耳環
A$9.50

販售手工木製飾品的店家

袋鼠造型的
彈跳玩具
A$10

可愛的無
尾熊耳環
A$5.50

自然風乾
的水果乾
A$7～

陳列著澳洲產的食材

果醬一罐
130g A$8，
3罐A$20

也可以
試吃喔！

也會詳細
說明產地

成對的鞋子
除臭包A$10

受女性喜愛的
天然香氛店家

置入衣櫃中的
防蟲包A$10

Check!!

攤車美食

店家以秘傳配方
調製檸檬水

販賣2種
檸檬水
A$4～

五彩繽紛的杯子
蛋糕專賣店

杯子蛋糕 小
A$2.50、大A$4.50

Check!!

還有值得推薦的市集！

派迪思市集
Paddy's Markets
〈 中心區 〉 MAP 別冊P8A2

亞洲色彩濃厚的
超便宜市場

為雪梨最大規模的室內市場，位在中國城。除一排排服飾、生活雜貨等便宜商品，市場一角也設有生鮮食品區。

🚃輕軌電車PADDY'S MARKETS站即到　📍Cnr. Thomas & Hay Sts.　📞(02)9325-6204　🕐9:00～17:00　休週一、二

格里布市集
Glebe Markets
〈 格里布 〉 MAP 別冊P4A3

目標在找尋
個性單品

位在學生商圈，有許多古著、骨董、藝術風生活雜貨的店家，深受年輕人喜愛。也會在市集中的廣場舉辦樂手的現場演奏。

🚃市區鐵路電車TOWN HALL站或CENTRAL前搭乘431、433路巴士，格里布小學前的巴士站下車即到　📍Glebe Public School, Glebe Point Rd.　📞(0419)291-449　🕐10:00～16:00　休週日～五

超過150間店，雜貨到食品應有盡有

手工飾品很受女生歡迎

也去看看位在教堂中的店家

帕丁頓市集
Paddington Markets
〈 帕丁頓區 〉 MAP 別冊P9D3

入手高品味單品！

雪梨近郊歷史最為悠久的市集，每週末於帕丁頓教堂舉辦。內有手工飾品、生活雜貨、美妝品等眾多精緻店家，當地人也時常光顧。

🚃380路巴士於帕丁頓教堂周邊的巴士站下車即到　📍395 Oxford St.　📞(02)9331-2923　🕐10:00～16:00（10～3月～17:00）　休週日～五

過來看看骨董珠寶！

這裡有這種店！

曾旅居日本的朵恩

淡水珍珠串成的項鍊A\$128

青金石項鍊
A\$55

一排排的手工飾品

有機美妝品專賣店

香氣種類眾多的肥皂
A\$9

月桂油皂
A\$7

販賣自家原創巧克力

↓咖啡豆巧克力
125gA\$9

蔓越莓風味巧克力
125g A\$9

包覆巧克力的草莓

冷凍乾燥的草莓
160gA\$12

Check!!

攤車美食

肚子有點餓時，就去餐飲類攤車

泰式綠咖哩等1盤
A\$7

COURSE.1 雪梨歷史發祥地之旅

漫步岩石區&環形碼頭

環形碼頭為港都雪梨的入口,以此為行程出發點,一邊遠眺渡輪來來往往的港灣,一邊走向雪梨的歷史街區——岩石區。此區為古時來自英國的墾荒者最早開拓的地域,如今尚留有當時的風貌,來此遊逛的同時,還能感受歷史與文化的軌跡。

行程比較表

遊逛度	♪♪♪	遊逛後街小巷別有一番樂趣
眺望度	♪♪♪	港灣沿岸都是眺望點
美食度	♪♪♪	務必走趟個性咖啡廳和老牌酒吧
商店度	♪♪♪	不可錯過藝廊商店
文化度	♪♪♪	體現雪梨歷史的街區
推薦時段	9:00～18:00	
所需時間	5小時	
預算基準	餐費＋飲料費＋購物費	

🚊市區鐵路電車CIRCULAR QUAY站即到

1 環形碼頭
⬇ 步行5分
2 南岩石區
⬇ 步行3分
3 阿蓋爾隧道
⬇ 步行5分
4 雪梨天文台
⬇ 步行7分
5 Vintage Cafe
⬇ 步行4分
6 肯當藝廊
⬇ 步行5分
7 北岩石區
⬇ 步行20分
8 雪梨港灣大橋
⬇ 步行12分
9 The Lord Nelson Brewery Hotel

🚊步行15分至市區鐵路電車CIRCULAR QUAY站

MAP 別冊 P10B2
Check!

雪梨遊客中心
提供雪梨和雪梨近郊的觀光及活動資訊。由於能夠於此索取地圖和折扣券,因此出發觀光前先來一趟吧。
🚊 市區鐵路電車CIRCULAR QUAY 站步行5分
🏠 岩石區觀光中心(→P64)2樓
📞(02)8273-0000
🕐9:30～17:30
休無休

---

1 環形碼頭

港灣沿岸的步道上,觀光客熙來攘往

Circular Quay **MAP** 別冊 P11C4

雪梨觀光及交通的起點

1788年自英國開出的第一艘移民船靠岸的地方就是環形碼頭,如今已是交通樞紐,設有渡輪碼頭、巴士轉運站和電車站等。東、西兩側分別聳立著雪梨歌劇院(→P16)和雪梨港灣大橋(→P18)。

渡輪或遊輪頻繁往來

DATA..........
🚊市區鐵路電車CIRCULAR QUAY站即到

2 南岩石區

歷史建築之一的卡德曼小屋

Rocks(Southern Area) **MAP** 別冊 P10B2-3

留有墾荒時期建築的雪梨發祥地

來自英國的墾荒者們最早建立的聚落,此地堪稱雪梨歷史的起點,由於當時是處滿是岩石的半島,所以才取名為「Rocks」。於卡德曼小屋(→P64)可眺看雪梨灣。

DATA..........
🚊市區鐵路電車CIRCULAR QUAY站步行3分

3 阿蓋爾隧道

Argyle Cut **MAP** 別冊 P10A2

囚犯以鐵鎚及鑿子挖掘而成的隧道

自環形碼頭沿岸步道拐進阿蓋爾路後,會有座大型隧道映入眼簾,此處由墾荒時期的囚犯們興建,當時挖掘出的土砂和岩石,全用在回填環形碼頭。

DATA➡P64

曾是電影《駭客任務》的拍攝地

如今牆上依舊可見以鑿子敲掘過的痕跡

築於高地之上，能夠遠眺雪梨港灣

4 雪梨天文台
Sydney Observatory MAP 別冊P10A3

國內歷史最悠久的天文台，傳承著天文觀測的歷史

直至1982年都實際作為天文台使用，現在則為博物館，開放民眾參觀。館內有2處圓頂，除典藏1874年使用至今的望遠鏡等，還有展示庫克船長的航海資料。

DATA...............................
🚃市區鐵路電車CIRCULAR QUAY站步行10分 🏠Watson Rd., Observatory Hill 📞(02)9921-3485 🕐10～17時 🈚無休 💰入館免費（日間導覽A\$10、夜間導覽A\$18）✈🚶~30分

5 Vintage Cafe
Vintage Cafe MAP 別冊P10B3

佇立於小巷裡的磚造建築咖啡

位在宛如迷宮的小巷——護士街中。菜單上從蛋包飯、三明治等餐點到甜點應有盡有，特別推薦添加地中海風味的菜餚。遊逛途中最適合來這裡休息片刻。

DATA...............................
🚃市區鐵路電車CIRCULAR QUAY站步行6分 🏠3 Nurses Walk 📞(02)9252-2055 🕐11:30～21:30（週六、日9:00～）🈚無休 💳

🔼葡式蛋塔 A\$9.90（附飲料）

7 北岩石區
Rocks (Northern Area) MAP 別冊P10B1-2

能看見港灣的餐廳也很受當地人歡迎

復古街景與時髦店家相互融合

由阿蓋爾街向北延伸的普雷費爾街上，林立著利用排屋作為店面的咖啡廳或禮品店；岩石區最北端則有一棟棟墾荒時期的倉庫建築，現已改裝成一間間時髦的餐廳。

DATA...............................
🚃市區鐵路電車CIRCULAR QUAY站步行8分

6 肯當藝廊
Ken Done Gallery MAP 別冊P10B2

在日本也風靡一時

肯當出生於雪梨，為澳洲最有名的現代藝術家，此處為展示其作品的藝廊。他的畫作特徵在於用色鮮豔和新潮的畫風，藝廊中也有以日本為題的作品。其中亦有販售書本、生活雜貨、T恤等原創商品。

🔽隔熱手套 A\$7.95

DATA...............................
🚃市區鐵路電車CIRCULAR QUAY站步行5分 🏠1-5 Hickson Rd. 📞(02)8274-4599 🕐10:00～17:30 🈚無休 💰免費 🚶~30分
➡展示著許多值得一看的作品
🔽種類約20種的明信片，1張A\$1、12張A\$10

8 雪梨港灣大橋
Sydney Harbour Bridge MAP 別冊P7C1 DATA➡P18

從岩石區看見的雪梨港灣大橋

🔼淡啤酒Three Sheets 很受歡迎
🔽酒吧招牌菜色之一 牛肉派A\$12

9 The Lord Nelson Brewery Hotel
The Lord Nelson Brewery Hotel MAP 別冊P6B1

創業於19世紀，深受當地喜愛的老牌酒吧

人稱雪梨歷史最久的酒吧，十分受到歡迎。於店後方共釀造了6種在地精釀啤酒，在這裡除可喝到啤酒外，也提供炸魚條及薯條A\$21.50等下酒菜。樓上則有餐廳和飯店住宿用的客房。

DATA...............................
🚃市區鐵路電車CIRCULAR QUAY站步行15分 🏠19 Kent St. 📞(02)9251-4044 🕐111:00～23:00（週日12:00～22:00）🈚無休 💳

N
0 ⊙ 200m

⑧雪梨港灣大橋
達溫岬公園
雪梨灣
Sydney Cove
雪梨歌劇院（P16）
⑨The Lord Nelson Brewery Hotel
⑦北岩石區
⑥肯當藝廊
阿蓋爾隧道③
岩石區廣場
岩石區觀光中心(P64)
雪梨遊客中心
卡德曼小屋(P64)
④雪梨天文台
②南岩石區
⑤Vintage Cafe
第6碼頭
CIRCULAR QUAY站
第5碼頭
第4碼頭
第3碼頭
第2碼頭
①環形碼頭
CITY RAIL 市區鐵路電車環形碼頭站

COURSE♪2

早一步窺探雪梨的流行風潮

走訪帕丁頓區 Paddington

探尋時尚趨勢

帕丁頓區以人稱排屋的低矮集合式住宅，與美麗的鑄鐵紋飾聞名，主要道路牛津街沿路商家林立，也有許多雅致的咖啡廳。此區聚集著眾多身穿最新時尚的年輕人和藝術家，是雪梨的潮流重鎮。務必前來此區體驗雪梨流行趨勢，享受一趟購物之旅。

發跡於雪梨的可愛時尚品牌「Rodeo Show」

↑往國王十字區

C Gorman

澳洲著名設計師 Charlie Brown的時尚店鋪

Palace Verona Cinema
Rodeo Show

B Ampersand Cafe Bookstore

Napier

Charlie Brown

Aesop **F** Oxford St.

維多利亞軍營

澳洲陸軍從英國運來流放的囚犯後，設立此處用於與原住民的攻防戰和維護殖民地治安

行程比較表

遊逛度	♪♪♪	牛津街上滿滿都是人氣商店
眺望度	♪♪	從大馬路拐彎進入小巷中有很多排屋
美食度	♪♪♪	有很多甜點好吃的咖啡廳
商店度	♪♪♪	澳洲品牌的商店是重點
文化度	♪♪♪	關注路上澳洲行人的時尚打扮
推薦時段	10〜16時剛開店時較無人潮，方便購物	
所需時間	1小時〜（依購物時間長短）	
預算基準	巴士費＋餐費＋購物費	

交通 .... **Access**

自環形碼頭或Elizabeth St.搭乘333、380、M40路巴士或邦代海濱觀光巴士，於Paddington Town Hall下車

出口至超過20個國家

設計單品

A Dinosaur Designs

具有溫度的手工風格備受歡迎 **MAP** 別冊P9C3

世界知名的澳洲居家用品、珠寶飾品品牌，產品以樹脂原料製成，旗下餐具或花瓶即使摔到都不太會破裂。包含珠寶飾品在內，全都是世上獨一無二的手工單品。

⊠自帕丁頓教堂步行2分　圍339 Oxford St.　☎(02)9361-3776　圍9時30分〜17時30分（週日12〜16時）

↑顏色變化豐富的手環A$105

←用色魅力十足，具有深度的餐具A$200

咖啡廳

B Ampersand Cafe Bookstore

MAP 別冊P9C2

眾多年輕人流連忘返的咖啡廳店內的一面牆上擺放超過3萬本舊書，坐在2樓座位，於書本環繞之下喝著紅茶或咖啡，彷彿就像到某人家中作客。許多年輕人都會窩在店裡悠閒度過假日時光。

⊠自帕丁頓教堂步行8分　圍78 Oxford St.　☎(02)9380-6617　圍7時30分〜17時30分（週六8時〜、週日9〜17時）　圍無休

由排屋改裝而成的咖啡廳↓

咖啡A$3.50〜↑

在地品牌

C Gorman MAP 別冊P9C2

品牌服飾大多為有機材質

出自墨爾本設計師之手，既雅致又摩登的時尚品牌，服飾雖然重視功能性，但也主張少女風格的設計路線。具備細膩綴飾的連身裙、印有時髦圖紋的休閒服，品項琳瑯滿目。

→擁有8間直營店在雪梨

A$249 ←時髦的連身裙

🚃自帕丁頓教堂步行15分 🏠30 Oxford St. 📞(02)9331-7088 🕐10～18時（週四～20時、週日11～17時） 🈚無休

←休閒服飾A$120～

D Opus MAP 別冊P9D3

一排排橫跨廣泛領域的生活雜貨

極受澳洲人喜愛的老字號選貨店。從雅致的成人居家服至充滿玩心的獨特生活雜貨，店內陳列的商品種類多樣、數量驚人。

↓義大利製立蛋器 A$39.95

🚃自帕丁頓教堂步行1分 🏠354 Oxford St. 📞(02)9360-4803 🕐9～18時（週四～19時30分、週日11～17時） 🈚無休

在地品牌

E Piccolina MAP 別冊P9D3

主打價格實惠的童裝

澳洲原創的童裝品牌，銷售2～12歲的童裝。從可愛設計的褲子、裙子到大衣、毛衣等，商品很齊全，價格實惠，很令人開心。

澳洲原創的童裝品牌→

🚃自帕丁頓教堂前 🏠400 Oxford St. 📞(0418)161－612 🕐10～18時（週五、六～17時30分、週日12～15時） 🈚無休

印有店家商標的T恤 A$14～

在這裡小歇片刻 ♪

Micky's Cafe MAP 別冊P9C2

最為推薦的帕丁頓區人氣咖啡廳

此咖啡廳以美味的起司蛋糕聞名遐邇，不僅甜點，從蛋包飯、三明治等輕食，到義大利、墨西哥、各式肉類餐點等，其他種類的餐點也相當豐富。

🚃自帕丁頓教堂步行3分 🏠268 Oxford St. 📞(02)9361-5157 🕐8～24時 🈚無休

↑燉飯A$22～、起司蛋糕A$10

佇立於街區中心的帕丁頓市政廳

美妝品

F Aesop MAP 別冊P9C2

展示桌上擺滿商品

Aesop以天然植物製成的護膚商品是同類型產品的濫觴（→P34）。店面裝潢與產品相同，都採白色基調的簡約設計。置於門口的試用瓶非常好認。

🚃自帕丁頓教堂步行12分 🏠72a Oxford St. 📞(02)9358-3382 🕐10～18時（週四～19時、週日、-17時） 🈚無休

店內中央的展示桌上陳列眾多商品

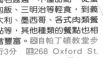

帕丁頓市政廳
🚩郵局
Young St.
Ormond St.
Hargrave St.
Underwood St.
Belmore St.
☕ Micky's Cafe
Dentin St.
Regent St.
William St.

D ⊙Opus

Dinosaur Ⓐ
Designs

E Piccolina

Witchery Ⓖ

Oxford St.
帕丁頓教堂

帕丁頓市集(P39)

Max Brenner Chocolate Bar Ⓒ

Elizabeth St.
Underwood St.
George St.
Gordon St.
Jersey St.
🚩
世紀公園
熱飲Suckao A$6-50

當地每週六、日會於帕丁頓教堂開設市集

在地品牌

G Witchery MAP 別冊P9C3

公認富含設計感的品牌

旗下服飾設計簡約又高雅，正式、休閒兩相宜，因此十分受到歡迎。上衣A$50～、裙子A$80～等，另外也有販售鞋子和飾品。由於過季商品會打折出清，因此要注意相關資訊。

🚃自帕丁頓教堂步行3分 🏠332 Oxford St. 📞(02)9360-6934 🕐9時30分～18時（週四～20時、週六9時～、週日10～17時） 🈚無休

在這裡小歇片刻 ♪

Max Brenner Chocolate Bar MAP 別冊P9D3

沉浸於巧克力之中，享受香甜時刻

咖啡廳和店面同在一起的巧克力專賣店，光是熱飲就有9種之多，甜點的選擇也非常多樣。推薦將巧克力片加入牛奶中品嘗的熱飲Suckao。

🚃自帕丁頓教堂步行2分 🏠437 Oxford St. 📞(02)9357-5055 🕐8時～22時30分（週五～24時、週六9～24時、週日9時～） 🈚無休

↑風味絕妙的熱飲Suckao

✓ check!

從牛津街拐入小巷中

多走一步進入後街小巷，眼前就是閒靜的住宅區。排屋鱗次櫛比，特色在於露台邊以草木為藍本施作的精美鑄鐵裝飾。當地也散布著古老排屋改裝而成的藝廊。

COURSE 3

浪漫地度過雪梨不眠夜

盛裝打扮享受夜間娛樂

淺淡的銀色光輝照亮了雪梨歌劇院和雪梨港灣大橋，萬里無雲的星空下，摩天大樓熠熠生輝。夜晚的雪梨在七彩唯美的燈光下顯得光彩奪目，有別於白晝，搖身變成適合禮服打扮的大人世界。於歷史悠久的酒吧中品嘗特產的在地精釀啤酒，再帶著微醺的氛圍享受豪華的遊輪晚餐，最後走趟大型賭場試試手氣吧。

🚋 市區鐵路電車CIRCULAR QUAY站步行10分

1 酒吧裡品嘗在地精釀啤酒

⋮ 計程車10分

2 在遊輪上欣賞夜景與表演，同時享用船上晚餐

⋮ 步行15分

3 到賭場試試手氣，目標一夜致富

🚋 回程搭乘計程車返回住宿場所

行程比較表

遊逛度	♪♪♪	搭乘計程車就不會走太多路
眺望度	♪♪♪	從任何地方遠望都無懈可擊
美食度	♪♪♪	推薦酒吧的披薩，堪稱人間美味
商店度	♪♪♪	幾乎所有的店家都在18時左右關門
文化度	♪♪♪	酒吧周邊還留有墾荒時期的影子
推薦時段	17時30分～早晨	
所需時間	4小時～（依駐足酒吧、賭場的時間長短）	
預算基準	在地精釀啤酒2杯A$12＋遊輪A$150～＋賭場賭金	

夜遊注意事項

雪梨治安雖然相對良好，但針對觀光客的搶劫事件還是頻傳，因此絕對不要獨自行走在人煙稀少的區域。夜間若需長距離移動，請搭乘計程車。

➡ 設有雪梨秀坊船上下船處的國王街碼頭

1 酒吧裡品嘗在地精釀啤酒

懷舊的澳洲酒吧中，沉浸於美好氛圍

MAP 別冊P10A3

首先到歷史城區岩石區的老牌酒吧喝點小酒，能在留有古典風韻的店內，品嘗到於雪梨也很罕見的在地生啤酒（A$6左右～）。其中「Burragorang Bock」帶有風味絕佳的苦味，十分好喝。除生啤酒之外，此酒吧中還備有澳洲各地小型釀酒廠製造的瓶裝在地啤酒，共有超過120種品牌。此外，務必要試試令人耳目一新的多國菜色混搭風披薩（小A$16.50～）！順帶一提，生啤酒的說法是Tap Beer。

←立於街角的老牌酒吧外觀

op op ♪ check! ♪
如何點杯生啤酒

啤酒杯尺寸共3種，由大至小分別是pint、schooner、middy，若想點杯schooner的啤酒時，只要跟吧檯人員說：「Can I have a schooner of～（啤酒名）?」就可以了。

The Australian Heritage Hotel

🚋 市區鐵路電車CIRCULAR QUAY站步行10分
🏠 100 Cumberland St., The Rocks
☎ (02)9247-2229　🕙 10時30分～24時　休 無休

值得一嘗的雪梨在地精釀啤酒型錄

數字為酒精濃度。星數越多代表尾韻越清爽，風味越佳，苦味越重。

Bondi Blonde
為減肥啤酒，碳水化合物已壓低至一般的3分之1。　4.5%
●尾韻……★★★
●風味……★★
●苦味……★

Blie Tongue Premium Lager
風味濃郁的高級手工拉格啤酒。請認明清晰蜥蜴標。　4.9%
●尾韻……★★★
●風味……★★★
●苦味……★★

Wicked Elf Pale Ale
使用澳·英產的麥芽，美國產的啤酒花，於家族經營的小酒廠中釀造。　5.4%
●尾韻……★★★
●風味……★★
●苦味……★★

Firely Beer
期待能像紅酒搭餐飲用，專為搭配辛辣菜色而生的皮爾森啤酒。　4.5%
●尾韻……★★★
●風味……★
●苦味……★

↑現場演奏以世界音樂為主，自20點30分開始
←在雪梨港灣中，此處也是位置最好、視野最佳！

雪梨歌劇院（P16）
Opera Bar
Guillaume at Bennelong
環形碼頭
CIRCULAR QUAY
The Australian ❶ Heritage Hotel
CIRCULAR QUAY站
派蒙灣
雪梨秀坊船 ❷
雪梨渡輪碼頭
（達令港、水族館碼頭）
溫耶德站
國王街碼頭
THE STAR站
❸ The Star
派蒙大橋（P62）
雪梨野生動物園（P22）
MARTIN PLACE站
達令港
派蒙灣
King St.
雪梨海洋生物水族館（P23）
SAINT JAMES站
Market St.

🎵 op op check! 能夠享受現場演奏和夜景的酒吧

雪梨景色最好的酒吧就在這裡。位於雪梨歌劇院旁，擁有最棒的視野和位置。店內提供種類豐富的紅酒（1杯A\$9～）、特調雞尾酒（A\$17～）和主廚Brian Martinez以義大利菜為基底的創作菜色等，餐點眾多，能同時滿足眼睛和味蕾。

Opera Bar Opera Bar　**MAP** 別冊P11D2

🚃市區鐵路電車CIRCULAR QUAY站步行5分
🏠Lower Concourse Level, Sydney Opera House
📞(02)9247-1666　🕐8～24時（周五～翌日凌晨1:00，週六、日9:00～凌晨1:00）　🚫無休

➋ 於遊輪上欣賞夜景與表演，同時享用船上晚餐

↑船尾有巨大水車的明輪船
←船內表演開始前的晚餐時段

用支美艷的舞蹈，炒熱夜晚的氣氛　**MAP** 別冊P12A1

下一站是必去的遊輪晚餐。乘坐古典的明輪船，一邊欣賞夜景和精采的魔術秀，一邊品嘗正統的套餐晚宴後，女歌手和舞者們上演華麗的歌舞秀。表演者會輕盈地踏出法國康康舞、印度舞、原住民舞等世界各地的多種舞蹈，夜晚氣氛將會推至最高潮！

➡約1小時的表演節目感覺一下子就結束了

雪梨秀坊船
Sydney Showboats

🚃自市區鐵路電車TOWN HALL站步行15分　🏠King St. Wharf No.5
📞(02)8296-7296
🕐每日19時開始登船→19時30分出港→22時返港　🚫無休　💰晚餐遊輪A\$150

➌ 到賭場目標一夜致富

➡跨過派蒙橋，即到The Star（右後方的霓虹燈）

↑眼前擺著泰式風味的鱷魚肉披薩（小A\$19.90）
←充滿歷史軌跡的內部裝潢

在巨大的不夜城中夢想成為億萬富翁　**MAP** 別冊P6B3　How to

重頭戲就是到賭城賭一把。占地偌大的賭場裡，合計約有200張博弈桌，無數台吃角子老虎機，除此之外還有🏨達令飯店（→P82）、電影院、16間餐廳、夜店等設施。只要在服務台出示護照和機票（或電子機票憑證），證明是海外旅客，便能進入高檔的VIP室，因此務必來此試試手氣！

The Star
The Star

🚃輕軌電車THE STAR站即到　🏠80 Pyrmont St., Pyrmont　📞(02)9777-9000　🕐24小時營業　🚫無休

Redoak Honey Ale
Redoak Honey Ale

此淡啤酒使用塔斯馬尼亞原始林採得的蜂蜜增添香氣。 5.2%

● 尾韻……★★★
● 風味……★
● 苦味……★

←賭場內的酒吧

賭場的遊玩方式及注意事項

● 最能玩得沒有負擔的是，可從1¢開始玩起，人稱「Pokey」的吃角子老虎機；博弈桌上最容易了解規則的是賭數字或紅黑色的輪盤遊戲。此外還有21點、百家樂、撲克等各式博弈遊戲桌台。

● 必須留意服裝規定和年齡限制。入內不得穿著短褲、拖鞋、男性背心等，未滿18歲也不得進場。亞洲人由於外表容易看起來比實際年齡年輕，因此前去賭場時務必隨身攜帶護照。此外，賭場內因為禁止拍照，所以若持有相機的話，必須在入場時寄放。

COURSE♪4

深入體驗雪梨的海灘文化

前往衝浪勝地

Bondi Beach

邦代海灘

「邦代（Bondi）」在澳洲原住民的語言中意指「足以碎岩的海浪」，由於會有高浪自外海打進邦代海灘，此處深受雪梨衝浪客的推薦。享受海灘時光的方式相當多樣，可漫步於步道，遠眺美麗的景色；可逛逛商店，選購海灘用品；亦可在面向海景的餐廳裡用餐。遠離雪梨市中心，來這裡體驗看看雪梨的海灘文化吧。

行程比較表

遊逛度	♪ ♪ ♪	於沿著海灘修築的步道上走走逛逛
眺望度	♪ ♪ ♪	步道和餐廳的遠眺景色無可挑剔
美食度	♪ ♪ ♪	邊欣賞美麗海景邊用餐別具風味
商店度	♪ ♪ ♪	買些海灘用品或泳裝吧
文化度	♪ ♪ ♪	可細細觀察當地衝浪客的技術
推薦時段	9～19時	
所需時間	3小時～（依遊逛、游泳、購物的時間長短）	
預算基準	餐費＋購物費	

悠閒享受
7小時

🚌由中心區搭乘333、380路巴士35分，於Campbell Parade下車，或搭乘邦代海濱觀光巴士至Bondi Beach Terminal

重點式體驗
3小時

1 在海灘沿岸的步道散散步♪

↓ 步行1～2小時

2 於海灘上大啖分量十足的午餐

↓ 步行1分

3 邦代海灘游泳趣

↓ 步行5分

↓ 步行1分

4 到San Churro休息片刻

↓ 步行2分

5 於坎貝爾廣場購物

↓ 步行10分　🚌自Campbell Parade搭乘333、380路巴士至中心區35分

6 沉浸在名流氛圍中，邊欣賞海景邊品嘗晚餐

1 在海灘沿岸的步道散散步♪

遠眺激盪海景的同時，來趟清爽的健行 （MAP）別冊P5D4

自邦代海灘南側，順著沿海灘興建的步道走30分左右，就能抵達塔瑪拉瑪海灘，如果繼續往前還能走到勃朗特和庫吉海灘。飽覽完美好風光後，請原路折返。

➡也有許多澳洲人一大早就來步道散步

再走遠一些♪

若不討厭健行，便可多走一些，前往勃朗特海灘。邦代至勃朗特的距離大約1.5km，由於坡道較多，因此需耗時45分左右。勃朗特海灘上觀光客較邦代少，散發出恬靜的氣氛，當地也有咖啡廳，很適合坐下來小歇一會兒。

←Icebergs Club位於步道起始點，此為該店的游泳池

➡步道一直延伸至庫吉海灘

2 於海灘上大啖分量十足的午餐

➡隔壁的餐廳晚間也有供應肋排

在海灘沿岸享用肋排，格外美味  別冊P5D3

健行後如果肚子餓，可到邦代的人氣店家外帶豬肋排。海灘前方的邦代公園裡，散置著能夠用餐的桌椅，可至公園裡邊吹海風、邊大口品嘗充滿炭烤香味的肋排。

Hurricane's Express Take Away

🚌Icebergs泳池步行15分
🏠130 Roscoe St.　📞(02)9130-7101　🕐12～22時
🈚無休　💰午餐A$12～

➡豬肋排整塊A$39、半塊A$31

←紫外線很強，
須做好防曬措施

邦代海灘游泳趣

浪花拍打之際，與大浪悠遊嬉戲　MAP 別冊P5D4

吃飽喝足後，就到海中耍吧。邦代海邊能見到
許多衝浪客的身影，浪頭較高，雖然不太適合游
泳，但一整年中，都有絡繹不絕的遊客，來這片
綿延1km的黃金海灘享受日光浴。

check! 便利設施資訊

邦代亭內置
有投幣式置
物櫃，小行
李A\$4、大
行李A\$6

海灘最北端、最南
端和邦代亭內設有
公共廁所

邦代亭內設有完備
的溫水淋浴設施，
免費

➡年輕人在鑿挖成圓形的滑板公園
中，努力練習滑板

5 於坎貝爾廣場購物

變身豪放的邦代女郎！

坎貝爾廣場沿海興建，內部林立著衝浪用品、泳
裝、飾品等店家。來這裡就以一身衝浪時尚的澳洲
人為範本，購入一些能夠替沙灘增添色彩的單品
吧。

check! 海灘時尚這裡買得到

來這裡不妨找找澳洲代表性的衝浪品牌。
宛如全球衝浪品牌領頭羊的Billabong；個
性的設計與華麗配色博得歡迎的Mambo；
因旗下服飾的舒適感獲得好評的Rip Curl等。

Rip Curl Bondi MAP 別冊P5D3	The Big Swim MAP 別冊P5D3
在台灣也頗受歡迎的矚目品牌	**挑戰澳洲風情的比基尼**
為澳洲本土品牌，深受全球衝浪人士的喜愛。除衝浪板、潛水衣等基本商品，也有販售顏色亮眼的潮流服飾和飾品。	這家店販售Sunseeker、Jets、Seafolly等美麗的澳洲泳裝品牌，也有一般認為邦代是發源地的競賽用泳裝。店內亦有販售SPEEDO的泳裝。
🚶Icebergs泳池步行7分 🏠82 Campbell Parade 📞(02)9130-2660 🕙10～18時（週六、日、夏令期間9時～）休無休	🚶Icebergs泳池步行5分 🏠74 Campbell Parade 📞(02)9130-1511 🕙10～18時（週六、日9時30分～）休無休

←T恤A\$49～、短褲
A\$70～
↓也有眾多在台灣無法購
得的款式

➡Seafolly泳裝，泳
衣A\$60～、泳褲
A\$50～
↓也能購得沙龍裙、
太陽眼鏡等用品

2 Hurricane's Express Take Away
邦代市集
Bucket List
2 坎貝爾廣場
邦代亭
4 Chocolateria San Churro
桌子長椅
雪梨巴士和
邦代海濱觀
光巴士都會
在此巴士站
停車
Rip Curl Bondi
The Big Swim
滑板公園
3 邦代海灘
邦代灣
Bondi Bay
6 Icebergs Dining Room and Bar
Icebergs 泳池
邦代Icebergs Club
1 在海灘沿岸的步道散散步
往塔瑪拉瑪海灘
勃朗特海灘
庫吉海灘
0 ────── 200m

---

4 到San Churro休息片刻

➡San Churro位在
Rip Curl隔壁

來點甜食補充體力　MAP 別冊P5D3

San Churro是發跡於西班牙的
巧克力店，游完泳後非常適合來
這裡稍作歇息，品嘗酥脆的吉拿
棒和濃稠的西班牙熱巧克力。

↑2人份西班牙吉拿棒，附
巧克力醬A\$14.95

Chocolateria San Churro
(Chocolateria San Churro)

🚶Icebergs泳池步行7分 🏠
84 Campbell Parade Parade
📞(02)9130-4331
🕙10～22時（周五～23時30
分，週六8時～23時30分、週
日8時～22時30分）休無休

A
\$
2
松
露
巧
克
力
(
1
顆
)
也
十
分
受
歡
迎

---

6 沉浸在上流氣圍中，邊欣賞海景邊品嘗晚餐

➡能夠遠
望美麗的
市區燈火

以海浪聲為背景
大快朵頤新鮮海產　MAP 別冊P5D4

到位置絕佳的著名餐廳享用晚餐，替一
整天的邦代美好時光畫上句點。日落時
分坐在特等席上，眺望美麗的邦代海
景，同時品嘗以海鮮為主的地中海及義
大利佳餚。

↓海鮮前菜
\$20～

Icebergs Dining Room and Bar
(Icebergs Dining Room and Bar)

🚶Icebergs泳池步行1分 🏠1 Notts Av. 📞(02)
9365-9000 🕙12～16時、18時30分～24時（週
日～22時）休週一休 金午A\$70～、晚A\$70～

COURSE♪ 前往在地熱門區域

最能體現當今雪梨風情的 4大 熱門 城區

雪梨，雖然只是兩個字，但其範圍十分遼闊。近來雪梨有4個城區是備受矚目的景點，分別是優雅的高級住宅區「雙灣」；接近中心區的鬧區「莎莉丘」；位於西側、學生眾多的「格里布」；中西部的熱鬧區塊「新鎮」。走在街上，穿梭於當地人之間，感受最熱門的在地文化。

漫步高級精品店街，享受名流氛圍
雙灣 MAP 別冊P5C3 ●Double Bay

雙灣為知名高級住宅區，匯集許多經手頂級貨品的精品店，以及洗練的高級餐廳，為雪梨的高檔地段。

自中心區出發的交通方式 ………… **Access**

於CIRCULAR QUAY或Elizabeth St.上的巴士站，搭乘323～327路巴士，在New South Head St.下車。或搭乘邦代海濱觀光巴士至Double Bay下車。

行程比較表

遊逛度	♪♪♪	遊逛商店和咖啡廳就可走上好一段時間
眺望度	♪	從雙灣眺望高級住宅區十分壯觀
美食度	♪♪♪	有許多反映出街區特色的餐廳和咖啡廳
商店度	♪♪♪	於個性商店中探尋獨特商品吧
文化度	♪♪♪	能夠體驗當地人的生活型態
推薦時段	10～16時	
所需時間	1區最少3小時	
預算基準	餐費＋購物費＋交通費	

選貨店

Marccain MAP 別冊P5C3

德國直接進口的女性時尚

德國品牌，發展重心在歐洲，於亞洲和美國亦有展店，此處為雪梨的唯一一直營店。以高品質又帶有休閒感的設計大受歡迎。

↑直營店才有的豐富商品陣容

✉Woolworths步行3分
🏠49 Bay St. ☎(02)9328-2029
🕐10～17時（週日11～16時）休無休

→位在街角，容易尋找

鞋

Cosmopolitan Shoes MAP 別冊P5C3

→雪梨的貴婦名媛常上門

雪梨規模最大的高級精品店

偌大的店內垂掛著水晶吊燈，陳列著Sonia Rykiel、Lanvin、Givenchy等頂級名牌的女裝、鞋子、珠寶和飾品。

✉Woolworths步行2分 🏠Shop1-5, 2-22 Knox St.
☎(02)9362-0576 🕐10～18時（週四～19時、週日12～17時）休無休

←店內展售A\$800以上的鞋款

用餐到這裡♪

Pink Salt MAP 別冊P5C3

雪梨的話題餐館

既高雅又有格調的空間，出自澳洲著名設計師Alex Zabotto-Bentley之手，是間裝潢、菜色皆受好評的餐廳。✉Woolworths步行3分 🏠53 Cross St. ☎(02)9328-1664
🕐12～15時、18～22時 休週一
金午A\$40～夜A\$40～

↑店內設有酒吧，飲品種類也非常多樣

←大啖摩登澳洲美食

地圖

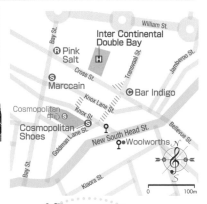

Inter Continental Double Bay
William St.
Bay St.
Pink Salt
Cross St.
Transvaal Ave.
Jamberoo St.
Marccain
Knox Lane St.
Bar Indigo
Cosmopolitan 中心
Knox St.
Cosmopolitan Shoes
Goldman Lane St.
New South Head St.
Bellevue St.
Woolworths
Bay St.
Kiaora St.
0　　100m

在這裡小歇片刻♪

Bar Indigo MAP 別冊P5C3

能享受澳洲式放鬆的悠閒咖啡廳

在地人時常光顧此間簡約的咖啡廳。在琳瑯滿目的菜單裡，鬆餅十分受到歡迎，也能當成甜點品嘗。此外，隔著道路還設有露天座位。

✉Woolworths步行1分
🏠Shop 6/15 Cross St.
☎(02)9363-5966 🕐7～16時（週日8時～）休無休

→認明Indigo的藍色招牌

→分量十足的鬆餅 A\$19.90

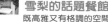

盡情體驗雪梨的咖啡文化
莎莉丘 MAP 別冊P8B2-3
●Surry Hills

佇立著一棟棟古老的排屋，為市井小民的住宅區，咖啡廳集結在主要街道兩側，是此區的特徵。此外，還散落著一些風格休閒的店家。

自中心區出發的交通方式 ……Access

於CIRCULAR QUAY或Castlereagh St.上的巴士站，搭乘301～303路巴士，在夏能公園下車。雖也可自市區鐵路路電車CENTRAL站前往皇冠街，但黃昏後附近一帶治安較差，因此前往時推薦搭乘巴士或車輛

雪梨的
點亮咖啡文化的名店

座位 也有露天

1 Bills (Surry Hills) MAP 別冊P8B2

明星主廚經營的咖啡廳

明星主廚Bill Granger操刀的咖啡廳，招牌餐點美式炒蛋被紐約時報讚不絕口，此外，據說李奧納多狄卡皮歐也非常喜愛加入瑞可達起司的鬆餅。各式的新鮮早餐讓他們成為話題焦點。

🚶夏能公園步行3分
🏠359 Crown St.　📞(02)9360-4762
🕐7～22時（週六、日7時30分～）　公休 無休

土產在餐飲類書籍界也享有高知名度，歡迎翻閱書中的食譜！

↑瑞可達起司鬆餅A$21，口感蓬鬆軟嫩

2 The Original Maltese Cafe MAP 別冊P8B2

→紅色外觀很顯眼

受歡迎的馬爾他共和國街邊美食

招牌點心起司派是以麵皮裹覆起司和搗成泥狀的青豆，外帶也OK！

🚶夏能公園步行12分
🏠310 Crown St.
📞(02)9361-6942　🕐10～18時、（週二、三為9～20時，週四、五為9～21時）　公休 無休

→大受歡迎的起司派 1個A$1.50

←以番茄醬和紅酒燉煮的燉兔肉A$28

3 Kawa MAP 別冊P8B2

深受女性喜愛的健康咖啡廳

在此能品嘗有機食材做成的各項餐點，還有現榨的新鮮果汁。充滿歐洲風情的白色裝潢非常漂亮。

🚶夏能公園步行10分
🏠346-350 Crown St.
📞(02)9331-6811　🕐7時30分～17時　公休 無休

請在本店菜板上確認！

→邊望著路上行人，邊在店內歇憩

↓夾著有機雞肉的三明治A$14

4 Organism Cafe MAP 別冊P8B2

有機馬芬蛋糕實在美味

此店自製的蛋糕和馬芬，從雞蛋到麵粉全都採用有機食材，推薦一嘗。店內小巧精美，散發家的味道，店內常有當地常客。

🚶夏能公園步行13分
🏠288 Crown St.　📞(0425)264-938
🕐7～19時　公休 無休

←也設有面朝大街的吧台座位

→有機馬芬蛋糕 A$5.5

↑充滿家的感覺

(地圖)
Foley St.
Goulburn St.
Oxford St.
Crown St.
Organism Cafe
Campbell St.
The Original Maltese Cafe
Riley St.
Kawa
St Margaret's Complex
Clifton St.
Jesmond St.
Albion St.
Bill's Surry Hills
Hudson Meats
Fitzroy St.
Bourke St.
Foveaux St.
夏能公園
莎莉丘市集
圖書館
Arthur St.
Rainford St.
Jesson St.
Davies St.
Wolfe & Ordnance
Devonshire St.
Vivid Shop
Landsdowne St.
Crown St.
Kürtösh House (P27)
Cleveland St.
0　　100m

咖啡城區中發現的
值得一去的店家

✿ 生活雜貨

Vivid Shop MAP 別冊P8B3

內有眾多手工質感的簡約單品

為複合式商店，主打世界各地的生活用品、飾品和禮品等。

🚶夏能公園步行5分　🏠558 Crown St.
📞(02)8399-1210　🕐9時30分～18時、（週六～17時、週日10時30分～17時）　公休 無休

→幾乎都是手工商品

✿ 流行服飾、配件

→販售各種小物、鞋子、內衣

Wolfe&Ordnance MAP 別冊P8B3

當地年輕人也會上門的精品店

此店也深受當地年輕人的喜愛。洋裝A$159、連身裙A$89.95等商品價格亦很實惠，其他還有販售各種小物、鞋子、內衣等。

🚶夏能公園步行5分
🏠288 Crown St.
📞(0484)133-310
🕐10～18時、（週日～17時）　公休 無休

→用色別緻的軟丹寧洋裝 A$159

年輕藝術家的風情滿溢
格里布 MAP 別冊P4A3
●Glebe

格里布有許多展示藝術家作品的藝廊，也有不少鎖定學生客群的二手商店，因此在走訪藝廊的閒暇時刻，也能逛逛這些店家。

自中心區出發的交通方式 …… Access

於市區鐵路電車CENTRAL站前的巴士站搭乘431、433路巴士，在格里布小學前下車。或搭乘輕軌電車至GLEBE站下車。

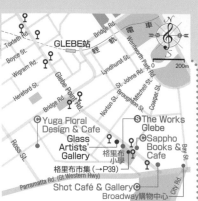

雪梨 能親近藝術的藝廊

1 Shot Café & Gallery MAP 別冊P4A3

陳列著當地攝影師的作品

咖啡廳充滿休閒氣息，店內掛飾著當地攝影師的作品，也可購入作品A$48～。

🚌Glebe Point Rd.及Parramatta Rd.的巴士站前　🏠11 Glebe Point Rd.
📞(02)8957-2639　🕐8～17時　🚫週日

↑或許能在此處覓得喜愛的攝影作品

2 The Works Glebe MAP 別冊P4A3

想要挖寶？就來這裡試試

此店於2012年開幕，1、2樓商品擺得密密麻麻，有骨董家具、古著、復古風的室內用品等。桌上型復古電風扇A$145等。

↑店內商品數量眾多，甚至擺放到店外

🚌格里布小學步行3分　🏠62 Glebe Point Rd.
📞(02)9660-0606　🕐10～18時（週日、一為11:00～
🚫無休

3樓為舉辦創作活動的空間

→帶著尋寶的心情逛逛店內也十分盡興

3 Glass Artists' Gallery MAP 別冊P4A3

玻璃藝術界第一把交椅開設的藝廊

開設此藝廊的是澳洲知名玻璃藝術家Maureen Cahill。店內展售的玻璃藝品色彩豔麗，都是由澳洲和紐西蘭現代藝術家精心打造。🚌格里布小學步行3分　🏠68 Glebe Point Rd.　📞(02)9552-1552　🕐10～18時（週日13～17時）
🚫週一

這是澳洲第一間玻璃作品藝廊。

←以色彩鮮豔的玻璃藝品妝點櫥窗

↑花費A$50起就能購得小型藝品

在這裡小歇片刻♪
Yuga Floral Design & Cafe MAP 別冊P4A3

花與藝術構成的美麗空間

由一對身為花卉藝術家的日本女性與義大利男性夫婦所開設的商家。店內花卉和藝術環繞，氛圍十分療癒。每個月都會展示不同的當地藝術家作品。🚌格里布小學步行10分　🏠172 St Johns Rd.　📞(02)9692-8604　🕐7～16時（週日8時～）
🚫無休

↑等待顧客的是和洋兼容的美麗空間

→綠意環繞的中庭座位

↑招牌甜點巧克力布朗尼 A$7.50

↑每月更換店內展示作品

Sappho Books & Cafe MAP 別冊P4A3

單手持拿外文書籍，走入時光隧道

此咖啡藏身於舊書店的內側，猶如一處秘密基地，在此能度過彷彿時間停止流動的片刻。推薦坐在擁有民家氛圍的中庭座位。

🚌格里布小學步行1分　🏠51 Glebe Point Rd.　📞(02)9552-4498
🕐7時30分～19時30分（週三～五～23時、週六8時30分～23時、週日9時～）　🚫無休

→鋪滿番茄起司的烤土司 A$9

咖啡一起享用。A$1～。可與店內的外文書A$5～。

親身體驗變化中的新文化
新鎮
MAP 別冊P4A4 ●Newtown

此區十分受到滯留澳洲的歐洲人喜愛，龐克、同性戀族群於此可以昂首闊步。由於匯集於此的年輕人對最新流行相當敏感，因此來到這個城區能夠體驗雪梨最前衛的文化。

自中心區出發的交通方式 ....*Access*

自市區鐵路電車TOWN HALL站或CENTRAL站搭乘，在NEW TOWN站下車。

用終到這澳 ♪

Burgerlicious **MAP** 別冊P4A4
備受澳洲人喜愛的漢堡

在此能夠品嘗健康的漢堡，使用的都是新鮮澳洲當地食材，可輕鬆入內用餐的氣氛也很令人開心。⊠市區鐵路電車NEWTOWN站步行5分 ⚐215 King St. ☎(02)9519-7401 ⏰11～22時 ☒無休

➡招牌套餐
Bostino
A$14.90

美妝品

Cosmetic Kitchen
講究天然的美妝品店

陳列於店頭的美妝品、沐浴用品、沐浴乳和肥皂等產品，皆是天然美妝品，製造時未進行任何動物實驗。棕櫚肥皂、巧克力肥皂、清涼小黃瓜化妝水等，原料多來自於食品。⊠市區鐵路電車NEWTOWN站步行5分 ⚐397 King St. ☎(02)9550-1709 ⏰10～17時 ☒無休

➡一排排精挑細選的商品

↑許多商品都能試用

⌒⌒ check!
體驗街頭藝術

新鎮路上會不定期出現街頭藝術家，於空地等四處創作，並鋪排在地上。如果投錢到瓶罐中，就能帶走喜歡的藝術品。

流行服飾、配件

Tree of Life
店內可尋得亞洲風情的生活雜貨
MAP 別冊P4A4

五彩繽紛的衣裳、飾品、包包和禮品等商品，多為印度生產。背包A$39、斜背包A$79、上衣A$29等，可挑些中意的商品。⊠市區鐵路電車NEWTOWN站步行1分 ⚐320 King St. ☎(02)9557-8820 ⏰10～18時0(週四～20時、週日11～17時) ☒無休

➡也許可在此覓得伴手禮

↑陳列著許多充滿亞洲情調的商品

美妝品

Pure Botanicals **MAP** 別冊P4A4
入手專屬美妝品

主打中藥、天然保健食品、花精、精油等產品，並且可依顧客需求和症狀，幫忙調配中藥和精油。⊠市區鐵路電車NEWTOWN站步行1分 ⚐322 King St. ☎(02)9034-0555 ⏰10～18時(週四～20時、週五～19時) ☒無休

➡澳洲花精噴劑各A$21（50mℓ）

↓店家內側也設有診療室

文具

Pentimento **MAP** 別冊P4A4
買些深具玩心的生活雜貨吧

主要販售澳洲設計師操刀的文具、時尚雜貨，其中也有許多手工製品，既獨特又有溫度的商品廣受好評。⊠市區鐵路電車NEWTOWN站步行3分 ⚐249 King St. ☎(02)9565-5591 ⏰10～20時30分(週一～19時30分、週二11～19時、週三～20時、週日10時30分～18時30分) ☒無休

➡也有販售澳洲品牌Nancybird的包包和女用皮包

流行服飾、配件

Origami Doll **MAP** 別冊P4A4
內有眾多精巧的商品

銷售新鎮當地藝術家設計的服飾和小東西，從小朋友到少年少女都喜愛這些色彩鮮艷的商品，是間深受在地青年歡迎的店家。⊠市區鐵路電車NEWTOWN站步行2分 ⚐315 King St. ☎(02) 8021-0302 ⏰10～19時(週四～六21時) ☒無休

➡設計十分可愛的童鞋A$69

Ederation Rd.
Church St.
Egan St.
Hordern St.
O'donnell St.
Watkin St.
聖史蒂芬教堂
Burgerlicious🅡
Pentimento🆂
King St.
Whiteley St.
Brown St.
Wilson St.
Mary St.
Eliza St.
Australia St.
Denison St.
🆂Origami Doll
🆂Tree of Life
市區鐵路電車
CITY RAIL
Enmore Rd.
NEWTOWN站
Erskineville Rd.
Railway La.
🆂Pure Botanicals
🆂Cosmetic Kitchen
Newtown
Public School
Angel St.
Gowrie St.
Camden St.
St.John St.
Union St.
King St.
Alice St.
Rochford St.
Holmwood St.
Dickson St.
Wells St.
Aarley La.
0   200m

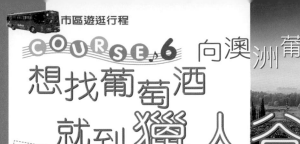

市區遊逛行程

COURSE.6 向澳洲葡萄酒乾杯

想找葡萄酒就到獵人谷

MAP 別冊P3D1

Hunter Valley

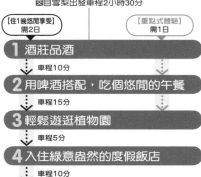

澳大利亞葡萄酒近年來在世界上的評價日益攀升，獵人谷就是此國最早開始釀造葡萄酒的地方。超過150間的酒莊，散落在葡萄園遍布的丘陵上，在這些酒莊裡也可試飲和購買葡萄酒。想找葡萄酒嗎？到獵人谷準沒錯。由於沒有大眾運輸工具可以抵達，因此必須租車或參加澳洲當地自選行程才能前往。

✈自雪梨出發車程2小時30分

【住1晚悠閒享受】需2日　　　【重點式體驗】需1日

1 酒莊品酒

車程10分

2 用啤酒搭配，吃個悠閒的午餐

車程15分

3 輕鬆遊逛植物園

車程5分

4 入住綠意盎然的度假飯店

車程10分

5 搭上熱氣球，從空中鳥瞰景色

車程7分

6 於氣派的花園村享用午餐＆入手伴手禮

✈抵達雪梨車程2小時30分

行程比較表

遊逛度	♪♪♪	遊逛步行距離不長
眺望度	♪♪♪	從空中俯瞰的葡萄園景致讓人感動
美食度	♪♪♪	用餐時葡萄酒有錦上添花之效
商店度	♪♪♪	有的葡萄酒只有這裡才買得到
文化度	♪♪♪	扎實學習葡萄酒文化
推薦時段	9～18時	
所需時間	2日	
預算基準	住宿費+餐費+租車費+入園費A$50	

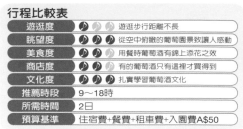

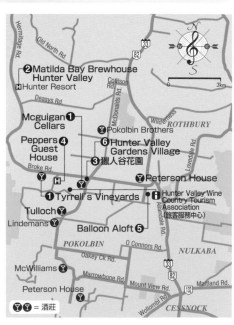

前往獵人谷的交通方式

名為塞斯諾克（Cessnock）的城鎮為當地旅遊據點，由於此處大眾運輸工具較不發達，因此一般前來時都是自行租車或參加自選行程。自雪梨市中心乘車，行經F3 Freeway等道路前往塞斯諾克，車程約2小時30分。

在這裡索取觀光資訊！

Tourism Association（旅客服務中心）位於獵人谷入口，為提供當地觀光資訊的基地，內有提供酒莊、住宿和周邊觀光等資訊。由於也能取得免費地圖，因此出發去訪酒莊之前，先走趟這裡吧。內部同時設有咖啡廳和小賣店。

旅客服務中心
Hunter Valley Wine Country Tourism Assosiation

MAP P52

🏠2090 Broke Rd., Pokolbin
📞(02)4990-0900　🕐10～16時（週日～16時）　無休

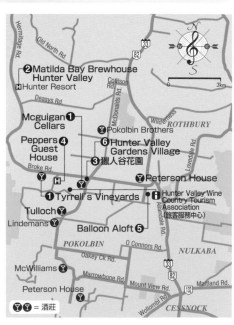

1 酒莊品酒

尋覓自己喜愛的葡萄酒吧

多數酒莊都可試喝葡萄酒,若有喜歡的紅酒,也可當場購買。在無數的酒莊中尋覓1支自己喜歡的酒款,雖然就像尋寶一樣有趣,不過還是先到訪一般評價較高的酒莊吧。也可參加酒莊自行舉辦的品酒行程。現場購買的紅酒可寄至海外。

推薦酒莊

Tyrrell's Vineyards MAP P52

為歷史悠久的老牌酒莊,創業於1858年,每年獲獎無數,具備堅強的釀酒實力。每天都會舉辦酒莊導覽行程。
📍旅客服務中心乘車10分 🏠1838 Broke Rd., Pokolbin 📞(02)4993-7000
🕐9～17時(週日10～16時)
🚫無休 ●酒莊導覽:10時30分～ ⏱30～120分

↑小巧的葡萄酒莊

→酒莊人員於試喝吧台仔細解說

↓品酒空間相當寬敞,也設有團客專用試飲室

推薦酒莊

Mcguigan Cellars MAP P52 ⏱30～120分

創業於1992年的大型酒莊,品牌雖然較為年輕,但如今已揚名海內外,也有舉辦酒莊導覽行程。在隔壁的起司專賣店中,能購得酒莊自製的起司。📍旅客服務中心乘車7分 🏠447 McDonalds Rd., Pokolbin
📞(02)4998-7402 🕐9時30分～17時 🚫無休
●酒莊導覽:12時～(週六、日11時～)

→內部也很濃稠的布里起司130g A\$13

Hunter Valley Chese Company
📞(02)4998-7744 🕐9時～17時
30分 🚫無休

←起司專賣店中也可試吃

STEP 1 聞香
將玻璃杯靠近鼻子,確認香氣的濃淡。轉動玻璃杯,讓香氣上衝,藉此評斷其特徵。

STEP 2 鑑色
確認酒體在光線下的色調。若能掌握色調傾向,就能判別出葡萄酒的熟成度和口感特徵。

STEP 3 品味
口含葡萄酒時確認味道。將葡萄酒含在嘴裡,縮小口腔空間後再吸氣,便能了解口感和香氣的平衡度。

STEP 4 品酒注意事項
試喝順序要先白酒後紅酒,先品味淡再品味濃的酒,並且不須嚥下所有的葡萄酒,試飲後可吐出至酒莊備妥的空壺或桶子中。裝在瓶裡的水可拿來漱口或簡單沖洗玻璃杯。

品酒時不可不知的英文單字

新鮮…young	飽滿…rich
已成熟…mature	果香味…fruity
滑順…smooth	甜…sweet
粗糙…harsh	帶酸味…acidic
輕盈…thin	帶澀味…tannic

這裡也check! 葡萄酒達人推薦 **值得一訪的酒莊**

Peterson House MAP P52

知名的酒款為採傳統方式釀造的紅葡萄氣泡酒。📍旅客服務中心車程2分 🏠Cnr.BrokeRd. & Wine Country Dr., Pokolbin 📞(02) 4998-7881 🕐9～17時
🚫無休 ⏱30～120分

Tulloch MAP P52

創立於1895年的老牌酒莊,獲獎無數。也有販售他處無法購得的限定酒款。📍旅客服務中心車程12分 🏠638 DeBeyers Rd., Pokolbin 📞(02)4998-7580 🕐10～17時 🚫無休 ⏱30～120分

---

op op check! 推薦給您這支葡萄酒!

酒莊推薦的酒款大多要價不菲,但試喝比較後,酒款落差顯而易見。

→左/Tyrrell's Hunter Shiraz Vat 9 2010…A\$85
右/Tyrrell's Hunter Semillon Vat 1 2005…A\$75

↓左/McGuigan P/R Shiraz…A\$60～
右/McGuigan P/R Chardonnay…A\$50～
※價格依年份變動

預備小知識

▶獵人谷的主要葡萄品種
不同的葡萄種類會賦予葡萄酒不同的個性,獵人谷常見的主要葡萄品種為以下3種:

●謝密雍Semillon…為獵人谷代表性白葡萄酒的原料,耐長時間熟成,具有恰到好處的酸味與柑橘風味
●夏多內Chardonnay…乾白葡萄酒的原料,為一般品種。具有分明的口感和果香味的甘甜
●希哈Shiraz…釀製獵人谷紅葡萄酒的代表性品種。特徵在於絕佳的風味和辛香料的香氣

2 用啤酒搭配，吃個悠閒的午餐

品嘗紅酒之餘，喝杯啤酒休憩片刻

為獵人谷4名酒莊負責人經營的啤酒釀酒廠，生產知名的Bluetongue藍舌啤酒，銷售皮爾森、拉格和黑艾爾等種類。於此間直營咖啡廳能品嘗到剛釀好的啤酒，點些披薩、沙拉、三明治等餐點，搭配啤酒一起享用吧。

Matilda Bay Brewhouse Hunter Valley MAP P52

🚌旅客服務中心車程20分 🏠Hunter Resort,917 Hermitage Rd., Pokolbin ☎(02)4998-7777 🕐12～22時 休無休 💰午A$15～晚A$25～ ⏱30～120分 ➡位於Hunter Resort腹地內

↑品酒組A$15，能品嘗到6種啤酒

➡披薩鋪上火腿、豬肉、培根，塗上烤肉醬和蜂蜜芥末醬後烤製而成，分量十足，與啤酒絕配。

預備小知識

Bluetongue的名稱由來

Bluetongue Brewery這個名稱來自於棲息在澳洲的Bluetongue lizard，中文名為藍舌蜥。此種蜥蜴恰如其名，生有藍色舌頭，經確認共有6種生長於澳洲。

3 輕鬆遊逛植物園

在偌大的花園裡醒醒酒

廣大的庭院占地25m²，是個花團錦簇的療癒空間，園內配置了玫瑰花園、東方花園等10座庭院。散步時有花香圍繞，不也剛好能夠醒醒酒？園內也設有販售花園相關產品的商店。

↓童書花園，以人偶重現的繪本世界

↑國境花園，呈現出法國古典庭園的風格

←花朵盛開的園內也有瀑布

獵人谷花園
Hunter Valley Gardens MAP P52

🚌旅客服務中心車程7分 🏠Broke Rd., Pokolbin ☎(02)4998-4006 🕐9～17時 休無休 💰A$28 ⏱30～120分

社交室中設有壁爐，後方還有酒吧吧檯

4 入住綠意盎然的度假村

寬大的客房統一採用沉穩的色調

鄉村風格的度假村，能夠放鬆入住

庭院照顧得無微不至，花團錦簇，綠意盎然，讓人能夠悠閒地住在此處。建有本館和別館，也有社交室等許多客房以外的公共空間。晚餐就到主要餐廳Sanctuary享用高雅的摩登澳洲美饌，同時品嘗適合搭餐飲用的紅酒。

↓除設有櫃台的本館，別館中也有配置客房

Peppers Guest House
MAP P52

🚌旅客服務中心車程10分 🏠Ekerts Rd., Pokolbin ☎(02)4993-8999 💰⑤①A$345～ 48室

獵人谷

5 搭上熱氣球，從空中鳥瞰景色
空中遊逛葡萄酒的大地

飛上青天，俯瞰葡萄田連綿的美麗景致吧。邊享受輕飄飄的浮空感，邊坐上空中鳥瞰獵人谷的風景，此段時光必定能成為美好回憶。獵人谷周邊開有數間熱氣球導覽公司，一年四季都能成行。由於是清早出發，預訂時請確認。

↑欣賞一望無際的葡萄田，親身體驗獵人谷的遼闊佔地

Balloon Aloft MAP P52
🚗旅客服務中心車程1分　🏠Cessnock Airport　📞(1300)423-279　⏰依當下條件調整　休無休　💰A$279～
🌐www.balloonaloft.com

⏱30～120分

→離地瞬間令人有點感動

叩叩 check!♪
搭乘熱氣球時的注意事項
熱氣球是種限制較多的乘坐工具，容易受天候狀況左右。天候不佳時多半會取消行程，因此即使已經預訂，前一日還是需要再次確認。此外，高度上升，氣溫便會下降，即使是夏季時分仍要備妥禦寒衣物。

6 於氣派的花園村享用午餐&入手伴手禮
俏皮店家大集合

旅程的最後一站就到Hunter Valley Gardens Village，共有20間左右的商店和餐廳匯集於此。Oscars以手工披薩聞名，是間實惠價格的名店；The Waiters Friends主打廚具，不妨在此找找葡萄酒相關的伴手禮。

↓週末會舉辦活動

Hunter Valley Gardens Village
🚗旅客服務中心車程7分　🏠Broke Rd., Pokolbin　MAP P52

→ 也提供燴羊膝等特殊菜色

And the winner is Oscars
🏠Shop 15 Hunter Valley Gardens Village, Broke Rd., Pokolbin　📞(02)4998-7355　⏰9～16時（週六・日為8～16時）　休無休　💰A$25～

↓12吋披薩A$26～

The Waiters Friends
🏠Shop 8 Hunter Valley Gardens Village, Broke Rd., Pokolbin　📞(02)4998-7830　⏰10～17時　休無休

→葡萄酒特徵輪盤A$9.95，能夠一眼看出澳洲葡萄酒的特色

←2段式操作的酒刀開瓶器A$9.95，容易使用

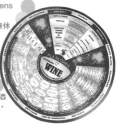

租車開往獵人谷！

租車開往獵人谷十分方便。雖然可自由移動，但澳洲和台灣不同，採右駕、左側通行，而且也有一些和台灣不同的交通規則，因此台灣人開車上路時要多加小心。了解租車概要後，還是要注意行車安全。

↓←澳洲獨特的路標，意為注意袋鼠和注意袋熊

●預訂…雖然未預訂也能租車，但限制較多，可能遇上無理想車輛等級等情況。行程若已確定，還是及早預訂為佳。
●費用及保險…有些租賃公司事前透過網路等途徑預訂，可享折扣優惠。車輛會依排氣量和車款分成10個左右的等級。為以防萬一，請投保最高金額的保險。
●取車…一般是前往營業處取車，必須備妥護照、信用卡、國際駕照、台灣駕照。市區營業所的營業時間為8～18時左右，時間稍微難以掌握。
●還車…要於其他營業所還車時，有時會產生異地還車手續費。

駕車注意事項
●速限…市區速限為40～60km／h，高速公路速限為90～110km／h。若下雨有時可能會另設速限。
●右側優先…於未設交通號誌的十字路口時，右側來車擁有優先行駛權。
●夜間行駛…天色變暗後行駛在路上，除看不清標識外，郊外還會有動物衝出，相當危險。盡量趁天色明亮之際抵達目的地。
●安全帶…與台灣相同，後座乘客也有義務繫上安全帶。
●加油…多為自助式加油站，取車時務必確認好添

加的汽油種類。
●酒駕…血液中酒精濃度未達0.05%時，依法不必裁罰。以一般男性來說，2小時喝完200ml紅酒，之後每1小時喝100ml以下都不會超標。不過，酒精確實會降低人的反應能力，因此即使是少量飲酒，也還是盡量不要開車。

→酒莊裡擺有酒精檢測器

COURSE.7

到訪世界遺產的高原,沉浸在
尤加利樹林的療癒氛圍

走訪藍山地區 體驗大自然!

Blue Mountains

MAP 別冊P.30

藍山地區尤加利樹林環繞,自古以來便是當地人屬意的高原避暑勝地,自雪梨出發、當日往返此區的行程也相當受歡迎。據說此處之所以稱為藍山,是因為尤加利樹揮發出的油脂,在太陽光的照射下,使得群山都籠罩在一層淡藍霧靄中而得名。從美景奇巖到高度十足的交通工具,盡情體驗當地的獨特魅力。

🚃 自市區鐵路電車KATOOMBA站搭乘巴士10分

1 參觀令人嘆為觀止的絕景——三姊妹岩

↓ 步行即到

2 體驗健行步道

↓ 步行30分

3 遊覽景觀世界

↓ 巴士15分

4 遊逛羅拉小鎮

└ 🚃步行5分至市區鐵路電車LEURA站

前往藍山地區的交通方式

自雪梨CENTRAL站出發,搭乘藍山線約2小時,便可抵達作為旅行據點的KATOOMBA、LEURA站,車班間距約1小時。一日遊巴士行程也十分便利。

觀光據點KATOOMBA站

於KATOOMBA或LEURA站,除有市營巴士外,還有名為Trolley Tours的巴士,其會繞行主要觀光景點,並可無限次上下車。共有2條路線,無限次上下車票A$25。

➡Trolley Tours使用的復古巴士。可向KATOOMBA前的Trolley商店,或向巴士司機直接購買車票

行程比較表

遊逛度	♪♪♪	不用爬山也可盡興
眺望度	♪♪♪	能欣賞絕美的風景
美食度	♪♪♪	於大自然景致中享用便當也不錯
商店度	♪♪♪	到訪羅拉小鎮,入手喜愛的物品
文化度	♪♪♪	推薦給喜歡戶外活動者
推薦時段	9～17時	
所需時間	約10小時	
預算基準	餐費+飲料費+入園費+交通費	

在這裡索取觀光資訊!

此處為提供當地觀光資訊的基地,內有提供健行步道的地圖、藍山一帶的資訊,也有販售防寒衣物及戶外用品等。

回聲岬旅客服務中心
Echo Point Visitor Information Centre
🚃市區鐵路電車KATOOMBA站搭乘巴士10分 ⇨Echo Point, Katoomba ☎1300-653-408 🕐9～17時 🚫無休

MAP P.56

藍山國家公園
BLUE MOUNTAINS NATIONAL PARK

西部高速公路

Western Hwy.

KATOOMBA站

LEURA站
拉威爾街

卡頓巴
KATOOMBA

4 羅拉大街

卡頓巴街

斯圖爾特路

格拉圖斯渥路

柳頂路

3 景觀世界

空中纜車

2 健行步道
1 回聲岬
回聲岬旅客服務中心

景觀小火車

地軌式纜車

三姊妹岩

0 1km

1 參觀令人嘆為觀止的絕景 三姊妹岩

代表藍山地區的必訪景點

傑米森峽谷位在懸崖峭壁之下；三姊妹岩這座奇巖留有澳洲原住民傳說，回聲岬是能一次將這兩處盡收眼底的絕佳景點。尤加利樹的綠意覆蓋峽谷一帶，遠方的群山籠罩著淡藍薄霧，來此遠眺如此的景色，實際感受藍山這個名稱的由來。

↑左處遠方可以看見三姊妹岩

回聲岬
Echo Point
市區鐵路電車KATOOMBA站搭乘巴士10分
MAP P56

預備小知識

三姊妹岩的傳說

從前有美麗的原住民三姊妹住在這片土地之上。其中一人由於打擾了魔王的睡眠，魔王因而震怒，三姊妹的父親為了讓她們逃離死難，所以用魔杖將三人化為岩石，自己則是幻化成鳥兒。但是他在逃亡途中，魔杖不小心掉落，導致三名女兒再也無法恢復人形。據說化為鳥兒的父親，至今還在藍山上空飛翔，尋找遺失的魔杖。

山區健行的注意事項

① **地圖**…展開健行前，先拿取詳細的地圖
② **服裝**…盡量不要露出皮膚，穿著容易行走的服裝。山區天候多變化，因此務必攜帶雨具
③ **鞋子**…雖說步道路況良好，但前來時還是不要穿著拖鞋或高跟鞋
④ **隨身物品**…依步道長短，準備飲用水及簡單食糧
⑤ **其他**…攜帶帽子、太陽眼鏡、防曬油等，針對中暑、曬傷做好萬全的準備

➡能於回聲岬的旅客服務中心索取地圖

2 體驗健行步道

路況良好，不會迷路

行走在能夠俯瞰峽谷的步道上

藍山一帶築有無數的健行步道，從半小時左右的路程，到需要花上一整日的正統行程，種類應有盡有，來此就從回聲岬出發，體驗一趟輕鬆的健行步道吧。至終點的空中纜車東站約需30分，一邊飽覽寬闊的峽谷之美，一邊悠閒地走走逛逛。

➡四處都設有露臺狀的觀景台

3 遊覽景觀世界

比較3種交通工具帶來的樂趣

由3種交通工具和木板步道構成，前者能享受眺望藍山的樂趣，後者鋪設於谷底的尤加利樹海。推薦從空中纜車東站，搭乘纜車前往景觀世界的頂峰站，再乘坐小火車下至谷底，遊逛樹海後，再搭上地軌式纜車折返。3種交通工具各具特色，都嘗試一遍看看吧。

走在谷底步道，近距離接觸尤加利樹林

←景觀世界的頂峰站為3種交通工具的匯集點

景觀世界
Scenic World
市區鐵路電車KATOOMBA站搭乘巴士15分　Cnr. Violet St. & Cliff Dr., Katoomba　(02)4780-0200
9～17時　無休

空中纜車
Scenic Skyway

漫步於樹海上空220m，能夠從車廂的玻璃透明地板，俯瞰正下方的樹海景致，真叫人心驚膽顫。途中要仔細欣賞一瀉而下的卡頓巴瀑布和三姊妹岩。

無限次乘坐3種工具1日票A$35

驚險度	★★
美景度	★★★
所需時間	6分

景觀小火車
Scenic Railway

搭乘小火車，行經最大傾斜52度的世界最陡鐵路，前往充滿綠意的谷底。穿越森林和隧道時，宛如雲霄飛車。途中還會變得更陡，要小心別跌落車外。

無限次乘坐3種工具1日票A$35

驚險度	★★★
美景度	★
所需時間	7分

地軌式纜車
Scenic Cableway

可容納84人的大型車廂，十分穩當。最大傾斜39度，會一口氣衝上標高相差215.5m的地方。車廂全為透明玻璃，能夠眺望八方，隨著高度上升，樹海也會變化出不同的風情，真叫人期待。

無限次乘坐3種工具1日票A$35

驚險度	★
美景度	★★
所需時間	8分

市區遊逛行程

4 遊逛羅拉小鎮

坡道小鎮購物趣

徜徉大自然之美後，前往卡頓巴的鄰鎮羅拉。熱鬧的羅拉大街是條斜坡，兩側林立著可愛的店家，為小鎮的購物商圈，剛好可來此挑選伴手禮。走坡道雖然有些累人，但光是走走逛逛，也能十分盡興。

➡只是逛逛看看也非常有趣

➡過去為郵局的建築物現已改裝成餐廳

Leura Health Foods MAP P58

店頭陳列著眾多天然食品、天然美妝品等來自全球的商品，澳洲產的也很多，最適合當作伴手禮。🚃市區鐵路電車LEURA站步行3分 📍155 Leura Mall ☎(02)4782-4511 🕐9:00～18:00（週日10～17時）休無休

➡茶樹護唇膏A\$5.15

⬇檸檬香桃木皂 A\$3.95

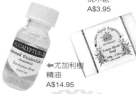

⬅尤加利樹精油 A\$14.95

在這裡小歇片刻♪

Loaves and the Dishes MAP P58

除了肉餡派，還有法式鹹派和三明治等店家引以為傲的餐點，全是店家自製，義式咖啡和簡約的蛋糕也值得一試。🚃市區鐵路電車LEURA站步行5分 📍180 Leura Mall ☎(02)4784-3600 🕐6時30分～16時30分 休無休

⬆內售法式鹹派和水果塔等原創餐點

➡檸檬塔A\$5、布朗尼A\$5

Moontree Candle Shop and Gallery MAP P58

主打澳洲生產的精油香氛燭和香氛精油。受歡迎的商品有澳洲產香氛燭，和100%純蜂蜜香氛蠟燭。使用藍山地區落葉製成的香氛蠟燭A\$28。🚃市區鐵路電車LEURA站步行3分 📍157 Leura Mall ☎(02)4784-1841 🕐9時30分～17時（週日10～16時）休無休

➡五顏六色的手工蠟燭A\$4～70

⬅繪有月亮圓缺的獨特商標

The Candy Store MAP P58

小小店內擺滿了來自世界各地的糖果，由於口味齊全，因此找不著喜歡的糖果時，可以詢問店員。🚃市區鐵路電車LEURA站步行5分 📍Shop 6,178 The Mall Leura ☎(02)4782-4090 🕐9時30分～16時30分（週六、日～17時30分）休無休

⬆每一小袋糖果都是100g

➡十分受到台灣人歡迎的尤加利糖果100g A\$2.80

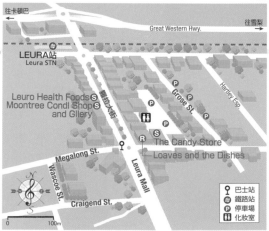

往卡頓巴

Great Western Hwy.　往雪梨

LEURA站 Leura STN

Leura Health Foods Ⓢ Moontree Condl Shop and Gllery

羅拉大街

Grose St.

Hartley Esp.

The Candy Store Loaves and the Dishes

Megalong St.

Wascoe St.

Leura Mall

Craigend St.

0　100m

👆 巴士站
Ⓢ 鐵路站
Ⓟ 停車場
🚻 化妝室

❖ 雪梨 ❖

依類別介紹 推薦景點

至P58為止的特輯中
未能盡述的推薦景點，
分門別類介紹。決定好旅行目的後，
接著就來尋找自己想要到訪的地方吧！

Contents

✦ Sightseeing

觀光景點

參觀完雪梨地標雪梨歌劇院
和雪梨港灣大橋後，
在市區遊逛途中，
也到其他觀光景點逛逛吧。

特輯
Check!

雪梨歌劇院…P16
雪梨港灣大橋…P18
雪梨野生動物園…P22

Advice

●禮節
有些博物館會禁止攜帶大型包包入內。碰到需要
寄放行李時，務必親自保管貴重物品。可免費進
入參觀的設施中，若置有寫著「DONATION」
的箱子等時，投入A$1左右即可。

服務中心

雪梨遊客中心 MAP 別冊P10B2
☎(02)8273-0000 ⏰9時30分～17時30分 🈚無休

中心區

也被稱為CBD的馬丁廣
場為商業中心；皮特街
購物大道上則是百貨公
司鱗次櫛比，這兩處為
雪梨的中心地帶。中心
區也散落著美術館和歷
史悠久的建築物，東側
還有綠意盎然的海德公
園。

名勝古蹟　MAP 別冊P13C4

市政廳
Town Hall

大型時鐘引人注目

1869年落成的維多利亞式建
築，當初為當地政府的辦公廳
舍，現則多用來舉辦音樂會等，
內部還有一
架具備9000
條音管的管
風琴。

DATA ⏳～30分
🚇市區鐵路電車TOWN HALL站即到
🏠483 Geoge St.
☎(02)9265-9189 ⏰8～18時 🈚週
六、日 💰免費

教堂　MAP 別冊P7D4

聖瑪麗大教堂
St. Mary's Cathedral　必見

教堂鐘聲響徹街區

為莊嚴的羅馬天主教教堂，是雪
梨代表性的新哥德式建築。教
堂內部配置著極具匠心的美麗
彩繪玻璃，
氛圍十分神
聖。

DATA ⏳～30分
🚇市區鐵路電車ST.JAMES站步行3
分　🏠St. Mary's Rd.
☎(02)9220-0400 ⏰8時30分～17時
（除禮拜時）🈚無休 💰捐款

大街　MAP 別冊P13D2

皮特街購物大道
Pitt Street Mall　必見

熱門的時尚大道

讓人很想到此一遊的購物街
區，由於很多人也打扮得非常入
時，因此光是邊走邊行人，就
是一大樂
事。有時還
會出現街頭
藝人。

DATA ⏳～30分
🚇市區鐵路電車TOWN HALL站步
行5分

徒步區　MAP 別冊P13D1

馬丁廣場
Martin Place

商務區的休憩空間

此徒步區東西連貫喬治街和麥
考利街，僅行人可通行，平日中
午時分是商務人士、粉領族的
歇息場所，
總是非常熱
鬧。

DATA ⏳～30分
🚇市區鐵路電車MARTIN PLACE站
即到

名勝古蹟　MAP 別冊13D1

G. P. O.（雪梨舊郵政總局）
General Post Office

久聞不如一見

興建於1865年，為雪梨最具歷
史的舊郵政總局。現在為複合
式商場，有🅷雪梨威斯汀酒店
（→P80）、
辦公室、14
間餐廳、食
品商店等進
駐。

DATA ⏳～30分
🚇市區鐵路電車MARTIN PLACE站
步行2分　🏠No.1 Martin Place

🌐世界遺產　✨必看景點　🔭絕佳景觀
⏳～30分 所需時間大約30分　⏳30～120分 所需時間30～120分　⏳120分以上 所需時間120分以上

眺望塔 MAP 別冊P13D3
雪梨塔
Sydney Tower Eye

由250m高的觀景平台
360度俯視雪梨

塔呈現金黃色，是雪梨的地標，聳立於購物大樓Westfield Sydney之上，為當地最高的建築物。在250m高的觀景台，可將雪梨市區全景盡收眼底，令人嘆為觀止。特別是能登上名為「空中漫步」的可動式強化玻璃，走在260m高的空中，即使是種會讓人尖叫的設施，但還是享有高人氣。此外，觀景台中還設有餐廳。

↑塔頂部的觀景平台⇒登上「空中漫步」，遊逛高空

DATA
🚃市區鐵路電車TOWN HALL站步行5分 📍Level5,Westfield Centre 100 Market St. 📞(800)614-069 🕐9時～22時30分（入場～21時30分、空中漫步10～20時、餐廳11時30分～14時、17～21時） 休無休 💴A\$26.50（空中漫步A\$70）

美術館 MAP 別冊P7D3
新南威爾斯美術館
Art Gallery of New South Wales 必見

一次飽覽近代藝術作品

美術館中收藏15世紀以後的歐洲藝術，包含原住民藝術的澳洲藝術、亞洲藝術和現代藝術等作品。特別是原住民藝術的館藏特別豐富。

DATA
🚃市區鐵路電車MARTIN PLACE站步行10分 📍Art Gallery Rd. 📞(02)9225-1744 🕐10～17時（週三～21時） 休無休 💴免費（特展需收費）

議會 MAP 別冊P7C3
新南威爾斯州議會
Parliament of New South Wales

歷史悠久的議場

面朝麥考利街，屬於寬敞的排屋建築，任何人皆可入內參觀，未開議時還可進入議場參觀。也是澳洲的第一個議會。

DATA
🚃市區鐵路電車MARTIN PLACE站步行3分 📍6 Macquarie St. 📞(02)9230-2111 🕐9～17時（第一個週四13時起有導覽行程，需45分，免費，無需預訂） 休週六、日 💴免費

圖書館 MAP 別冊P7C3
新南威爾斯州立圖書館
State Library of New South Wales

規模與藏書量都十分可觀

由1910年落成的舊館「米歇爾書庫」和新館「麥考利街書庫」構成，舊館的閱覽室為必訪景點。

DATA
🚃市區鐵路電車MARTIN PLACE站步行5分 📍Macquarie St. 📞(02)9273-1414 🕐9～20時（週五～17時，週六、日10～17時） 休僅舊館週日休 💴免費

博物館 MAP 別冊P8B1
澳洲博物館
The Australian Museum

藉由龐大資料學習自然歷史

博物館設立於1827年，展品種類多元，有恐龍化石、動物標本、多種礦物及原住民藝術品等，能夠在此學習澳洲的自然歷史。

DATA
🚃市區鐵路電車MUSEUM站步行3分 📍1 William St. 📞(02)9320-6000 🕐9時30分～17時 休無休 💴A\$15

公園 MAP 別冊P8B1
海德公園
Hyde Park

位在市中心的休憩廣場

這座綠意盎然的公園位在中心區東側，占地廣闊，為市民的休憩場所。園內南北細長，北側建有音樂噴水池，為此公園的地標。

DATA
🚃市區鐵路電車ST.JAMES站即到

博物館 MAP 別冊P7C3
海德公園軍營博物館
Hyde Park Barracks Museum 必見

一窺19世紀末的囚犯生活

1819年興建完成的男性流放犯人居住地，之後改作為移民收容所。現在則成了博物館，展示呈現當時囚犯生活的遺留物、照片、模型等。

DATA
🚃市區鐵路電車ST.JAMES站步行3分 📍Queens Square, Macquarie St. 📞(02)8239-2311 🕐10～17時 休無休 💴A\$10

名勝古蹟 MAP 別冊P8B1
澳紐軍團戰爭紀念堂
ANZAC Memorial Hyde Park Sydney

戰爭的記憶傳承至今

ANZAC是澳大利亞及紐西蘭聯軍的簡稱。博物館位在海德公園內，館內中央立有憑弔第一次世界大戰陣亡者的紀念碑。

DATA
🚃市區鐵路電車MUSEUM站即到 📍Hyde Park South 📞(02)9267-7668 🕐9～17時 休無休 💴免費

雪梨博物館套票（💴A\$18，3個月有效）相當便利，內含海德公園軍營博物館、蘇珊娜房舍博物館（→P64）、雪梨博物館（→P65）、司法與警察博物館（→P65）4處的入場費。套票可於各博物館購入。

植物園 MAP 別冊P7D2
皇家植物園
Royal Botanic Gardens
蒐羅各國植物的都會綠洲

位在中心區東北方，占地30萬 m²，於墾荒時期原是作為農莊使用，後來將其改造成植物園。園內棲息著鸚鵡、白鷺鷥等多種鳥類。遊客可參加原住民傳統導覽行程A$38，乘坐火車造型的遊園車遊逛園內。此外，園方還有提供免費導覽人員，帶領遊客徒步遊園（英文）。

⬆火車造型遊園車

⬆四季花朵讓園內五彩繽紛
⬅散落著香草花園、玫瑰園和熱帶植物溫室等

DATA 〔30~120分〕
🚃市區鐵路電車MARTIN PLACE站或CIRCULAR QUAY站步行10分 🏠Mrs Macquaries Rd. 📞(02)9231-8111，週末(02)9231-8125 🕐7~20時(3月~18時30分、4及9月~18時、5及8月~17時30分、6及7月~17時、10月~19時30分) 🈚無休 💰免費，火車造型遊園車A$10

達令港

位於中心區西側，購物中心和多功能大型設施拔地而起，彷彿包圍了達令港和科庫爾灣。自科庫爾灣南岸往湯巴隆公園方向走去，便會抵達中國庭園。由此前往中國城也相當近。

複合式設施 MAP 別冊P12B3
科庫爾灣碼頭
Cockle Bay Wharf
澳洲當地人也非常喜愛的用餐地點

此美食用餐區位在港灣購物中心的對面，面朝科庫爾灣。時髦的建築物是以角材和不鏽鋼打造，當中除有能夠飽覽港灣的高級餐廳，還匯集了露天咖啡座、酒吧、夜店等。多是菜色美味的店家，因此無論到哪間用餐都不會踩到地雷。美食和摩登氛圍，讓此處成為眾所矚目的焦點。

⬆全家出遊也適合的人氣景點
➡美食區擺有鶴的裝置藝術

DATA 〔~30分〕
🚃市區鐵路電車TOWN HALL站步行10分 🏠Cockle Bay Wharf 🕐💰視店鋪而異

橋 MAP 別冊P12A3
派蒙大橋
Pyrmont Bridge
全球最古老的電動旋轉橋

橫跨達令港的電動旋轉橋，開通於1902年。橋體豎起時，行人無法通過，還請注意。背對大橋能夠遠眺中心區，景緻也非常優美。

DATA 〔~30分〕
🚃市區鐵路電車TOWN HALL站步行5分

電影院 MAP 別冊P12B4
LG IMAX劇院
LG IMAX Theatre
享受大螢幕極具震撼力的影像充滿近未來感的電影院

共有540個座位的電影院中，設有29mX38m的巨型螢幕。世上大自然的生氣蓬勃、極富動感的運動影像、以宇宙為主題的壯麗風景，此處每日會播出5~6部影片。影片可分為平面的2D影像和立體的3D影像，來到此處請戴上特殊眼鏡，享受3D世界，體驗片中事物像是要衝出螢幕似的震撼。

⬆介紹國內名勝的影片很受旅客歡迎
➡零食種類也很多樣

DATA 〔30~120分〕
🚃市區鐵路電車TOWN HALL站步行10分 🏠31 Wheat Rd. 📞(02)9281-3300 🕐9時~21時30分(根據下檔日變動) 🈚無休 💰A$23(超過60分的長片費用另計)

🌐世界遺產 ⭐必看景點 👀絕佳景觀
〔~30分〕所需時間大約30分 〔30~120分〕所需時間30~120分 〔120分以上〕所需時間120分以上

博物館 MAP 別冊P12A2

國立海事博物館
Australian National Maritime Museum 必見

觀看、登上實體船隻 親身體驗偌大的船艦！

博物館中會介紹澳洲的航海史和海洋交易等，還展示了原住民的船隻、競逐美國盃帆船賽的帆船、燈塔的燈具等許多珍貴、獨特的文物。博物館內側的海灣甚至停靠著澳洲海軍使用過的驅逐艦「吸血鬼號Vampire」，和活躍至1999年的潛艦「昂斯洛號Onslow」，也可登船參觀。

↑驅逐艦和潛艦停靠在碼頭
➡館內也有能夠眺望港灣的咖啡廳

DATA......... 🕐30~120分
🚃輕軌電車PYRMONT BAY站步行2分
🏠2 Murray St.　📞(02)9298-3777
🕐9時30分～17時(1月～18時)　🈹無休
💰A\$7(每月第一個週四免費，但假日除外。參觀驅逐艦和潛艦須付費)：大套票A\$27包含館內所有參觀行程

複合式設施 MAP 別冊P12B1

國王街碼頭
King Street Wharf

各國美食齊聚一堂

時髦的綜合商場，位在雪梨海洋生物水族館（→P23）的北側，共有15間廣受好評的餐廳和咖啡廳進駐館內，夜晚治安也相對較好。

DATA......... 🕐30~120分
🚃市區鐵路電車WYNYARD站步行10分　🚉King Street Wharf
📞📧🕐視店鋪而異

庭園 MAP 別冊P8A1

中國庭園
Chinese Garden of Friendship

於園內的茶樓小歇

中國廣東省為慶祝澳大利亞建國200年所建立的庭園，用以紀念雙邊友誼。園內種有荷花、竹林等超過20種的植物，枝葉繁盛，是個休憩的好地方。

DATA......... 🕐30~120分
🚃輕軌電車PADDY'S MARKETS站步行5分　🏠Darling Harbour South End　📞(02)9240-8888　🕐9時30分～17時　🈹無休　💰A\$6

博物館 MAP 別冊P8A1

動力博物館
Powerhouse Museum 必見

互動式展品琳瑯滿目 動手操作型的科學技術博物館

為近代科學博物館，透過科學技術、裝置藝術、設計等面向，介紹澳大利亞的發展與變遷。館內天花板上懸吊著飛機，還配置了舊時車站和蒸汽火車，藉由大膽的展品，讓孩童也樂在其中。同時，也設有實驗專區，能夠一邊玩樂，一邊深化自身的知識。此外，還會以實際使用的工具和影像，介紹澳洲啤酒的釀造過程或太空探險的實際情況。

↑利用曾是路面電車發電廠的建築物
➡充滿玩心的展示實況

DATA......... 🕐30~120分
🚃輕軌電車PADDY'S MARKETS站步行5分　🏠500 Harris St.　📞(02)9217-0111
🕐10～17時
🈹無休　💰A\$15，16歲以下免費

名勝 MAP 別冊P8A1

中國城
Chinatown

華裔澳洲人的聚集地

形成於19世紀後半葉的華人街區。內有許多道地中國餐館和便宜的餐廳，散發千變萬化的氛圍。中心地帶是變成購物中心的德信街。

DATA......... 🕐30~120分
🚃輕軌電車PADDY'S MARKETS站步行5分

走趟朝氣蓬勃的雪梨魚市場

雪梨魚市場Sydney Fish Market為鮮魚批發市場，一年交易量達1萬4500噸、A\$1億1600萬，約有100種魚類在此處競價賣出。週一～五每日5時30分開始舉辦競價會，旅客若是參加導覽行程（僅週一、三、五舉行，6時40分～，需預訂），就能參觀競價實況。市場內除有以一般人為客群的商家，也有許多餐飲店。推薦品嘗當地的龍蝦和牡蠣。牡蠣當然能夠生吃，但添加培根和香料調理後，再烤到半熟的烤牡蠣，風味也是一絕。

↑也推薦在市場內享用午餐

↑烤牡蠣A\$3

DATA
🚃輕軌電車FISH MARKET站步行3分
📞(02)9004-1100
導覽行程預訂電話02(9004)1108
🕐7～16時　※視店鋪而異。競價5時30分～　🈹無休
💰導覽行程A\$35(需預訂)　MAP 別冊P6A4

只要沿著科庫爾灣行走，就幾乎能逛完此區的重要景點。
若要前往比派蒙大橋更西側的地方，乘坐輕軌電車較能節省時間。

岩石區&環形碼頭

雪梨最為知名的觀光區。岩石區是鑿挖砂岩建成的區域，如今還留有墾荒時期的舊時街景。環形碼頭則是渡輪和路線巴士的起站；雪梨歌劇院和雪梨港灣大橋的絕景，魅力十足。

名勝古蹟　MAP別冊P10B2

卡德曼小屋
Cadmans Cottage

國內最具歷史的建築物之一

1816年由囚犯所建成，原是英國船員們的休息場所兼資訊交換地，現在則是做為資料館和國家公園導覽中心使用。

DATA......................🕐～30分
🚉市區鐵路電車CIRCULAR QUAY站步行5分　🏠110 George St.
📞(02)9253-0888　🕐10時～16時30分（週六、日10時～）　無休　💰免費

名勝古蹟　MAP別冊P10A2

阿蓋爾隧道
Argyle Cut

墾荒時期的遺跡

連接岩石區東西側的隧道，由囚犯和一般勞工耗費21年的歲月打造而成。據傳動工之際，配發給囚犯的開挖工具只有鐵鎚。

DATA......................🕐～30分
🚉市區鐵路電車CIRCULAR QUAY站步行5分　🚏Argyle St.

複合式設施　MAP別冊P10B2

岩石區觀光中心
The Rocks Centre

設有遊客中心的岩石區觀光據點

岩石區中留有眾多古建築，散發出歷史底蘊，在開心地遊逛街區前，可以先來到岩石區觀光中心。此棟磚砌建築的1樓有伴手禮店等進駐，2樓是遊客中心。包含岩石區在內，裡頭提供全雪梨的觀光資訊，也放置了各式各樣的觀光手冊。此外，2樓也有開設紀念品店。

⬆時髦的建築物是由舊工廠改裝而來

➡2樓也有露台區，讓人心曠神宜

DATA......................
🚉市區鐵路電車CIRCULAR QUAY站步行5分　🏠Cnr. Argyle & Playfair Sts.
📞(02)9240-8500　🕐9時30分～17時30分　無休

名勝古蹟　MAP別冊P10A3

蘇珊娜房舍
Susannah Place

遙想舊時生活

1844～1990年作為藍領階級住居，目前內部依然保存當年的模樣，還忠實地重現了當時的雜貨店。

DATA......................🕐30分～120分
🚉市區鐵路電車CIRCULAR QUAY站步行5分　🏠58-64 Gloucester St.　📞(02)9241-1893　🕐參加導覽行程才可入內參觀。（14時、15時、16時共3梯次）商店～17時　無休　💰A$8（博物館套票→P61）

灣岸　MAP別冊P10B1

坎貝爾灣
Campbell's Cove

於此能盡享2大美景

意指位在岩石區北側的區域，此地留有19世紀的磚造倉庫。雪梨港灣大橋就近在咫尺，眺望雪梨灣的另一側，便能盡享雪梨歌劇院的壯麗景致。

DATA......................
🚉市區鐵路電車CIRCULAR QUAY站步行8分

美術館　MAP別冊P10B3

當代美術館
Museum of Contemporary Art

岩石區地標　展示最前衛的藝術品

自環形碼頭走向岩石區時，當代美術館的建築立刻就會映入眼簾。此棟建築物落成於第二次世界大戰期間，館內陳列著世界各國的當代藝術，也有展示原住民的藝術作品。除相當受歡迎的博物館商店外，面向喬治街的西側也有好幾間商家和餐廳進駐。也有舉辦各種主題的特展。

⬆展示各式作品，繪畫、雕刻、相片，甚至是電腦CG，種類多元

➡有個聞名遐邇的簡稱「MCA」

DATA......................
🚉市區鐵路電車CIRCULAR QUAY站步行3分　🏠140 George St.
📞(02)9245-2400　🕐10～17時（週四～21時）　無休　💰免費（部分特展須付費）

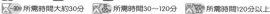

名勝古蹟　**MAP** 別冊P11C4

海關大樓
Customs House

融合多種建築樣式的建築物

國內首棟海關大樓，使用期間為1845～1990年。據說此處也是1788年英國移民船靠岸時，升起國旗的地方。現為市立圖書館等所用。

DATA
市區鐵路電車CIRCULAR QUAY站步行1分　31 Alfred St.　(02)9242-8551　8～24時(週六10時～、週日及國定假日11～17時)　無休(圖書館國定假日休館)　免費

博物館　**MAP** 別冊P11C4

司法與警察博物館
Justice & Police Museum

探尋澳洲的犯罪史

此博物館建築過去是水上警察署和法院，後來搖身一變為博物館。館內展示著警官的制服、工具、扣押的兇器等警察相關文物。

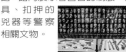

DATA
市區鐵路電車CIRCULAR QUAY站步行2分　Cnr. Albert & Phillip Sts.　(02)9252-1144　10～17時　週一～五　A$10(博物館套票→P61)

博物館　**MAP** 別冊P7C2

雪梨博物館
Museum of Sydney

雪梨的變遷，一目了然

位在最初的殖民地總督宅邸遺跡，館內展示於此處發現的史料，並透過影像和照片，從多角度介紹雪梨的過去及現在。同時設有咖啡廳和紀念品店。

DATA
市區鐵路電車CIRCULAR QUAY站步行5分　Cnr. Phillip & Bridge Sts.　(02)9251-5988　10～17時　無休　A$10(部分特展須付費)(博物館套票→P61)

岬　**MAP** 別冊P7D2

麥考利夫人岬
Mrs. Macquarie's Point 必見

拍攝紀念照的絕佳地點

位在皇家植物園東側的岬角，望向農莊灣的另一端，便是遠眺雪梨歌劇院和雪梨港灣大橋的絕佳觀景點。由於交通不便，前來時最好搭乘計程車。

DATA
市區鐵路電車CIRCULAR QUAY站車程5分

公園　**MAP** 別冊P4B2

費茲洛公園
Fitzroy Gardens

熱鬧城市中的休憩場所

此座小公園位在國王十字區中心地帶。公園的地標深受當地居民喜愛，是個蒲公英絨球狀的噴水池。週末會開設市集，人潮眾多。

DATA
市區鐵路電車KINGS CROSS站步行5分

遊樂園　**MAP** 別冊P4B1

雪梨月神樂園
Luna Park Sydney

滑稽的人臉大門獨樹一格

令人放聲尖叫的設施、摩天輪等，此樂園中有21種設施供遊客玩樂。

DATA
市區鐵路電車MILSONS POINT站步行5分　(02)9033-7676　10～18時(週五、六～22時)　無休　入園免費，設施1日暢遊票，身高130cm以上A$45.95、106～129cm A$35.95、85～105cm A$25.95　※視季節調整

搭乘渡輪前往動物園&水族館

塔隆加動物園
Taronga Zoo

園內飼養世界各地的哺乳類、鳥類等共400種2500隻，園方還舉辦理能和無尾熊一起拍照的行程「邂逅無尾熊」，還有「野生澳洲體驗行程」，負責導覽的是專門照顧澳洲本土動物的飼育員。於環形碼頭的渡輪乘船處有販售「Zoo Pass」套票，內含門票、至入口的纜車票和渡輪的來回船票。

袋鼠　於體驗行程中也能餵食沙

園內也飼育著眾多無尾熊

DATA
CIRCULAR QUAY 2號碼頭搭乘渡輪12分，由TARONGA ZOO棧橋步行2分　(02)9969-2777　9時30分～17時，邂逅無尾熊11～14時15分，體驗行程10時15分以下(需預訂)　無休　A$46、孩童(4～15歲)A$26。邂逅無尾熊為1人一組A$24.95、體驗行程A$129。Zoo Pass套票A$52　**MAP** 別冊P5C1

曼力海洋世界
Manly Sealife Sanctuary

這個水族館位在雪梨港灣北側的曼力，自環形碼頭搭乘渡輪即可前往，館內飼養很多小藍企鵝。鯊魚灣要從隧道狀的通道參觀，十分有看頭。

位在海灘上

DATA
CIRCULAR QUAY 3號碼頭搭乘渡輪30分，由Manly Hotel Wharf下船，步行5分　West Esplanade, Manly　(1800)199-742　9時30分～17時　無休　A$25；孩童(4～15歲)A$17　**MAP** 別冊P3D1

到訪曼力海洋世界時，可參加「極限潛水，與鯊魚共舞」，親身潛入鯊魚悠游的水槽之中。有的行程即使沒有潛水經驗也可參加。A$205～

✤ Gourmet

美食

雪梨聚集了來自全球的移民。
飲食也以摩登澳洲菜色為中心，
能夠品嘗到世界各國的美味。
搭配紅酒或啤酒來場美食饗宴吧。

特輯
Check!

早餐…P24
咖啡廳小歇…P26
美食餐廳…P28

Advice

●禮節
除了有穿著規定的高級餐廳外，並無嚴格的服裝規定，但在商務區周邊，還是避開T恤、短褲等的打扮為佳。呼叫服務人員時，只需輕輕舉起手，使個眼神即可。

●付款、小費
幾乎所有店家都能使用信用卡，此外在澳洲基本上沒有給予小費的習慣。

●營業時間與公休日
全年無休的店家雖然很多，但週六、日午餐時段未營業的店家也不在少數。切記要提早預訂高級餐廳

人氣主廚&名店

✤

雪梨在眾多明星主廚競爭手藝之下，成了聞名遐邇的美食之都。除了融合了法國菜和日本料理等精髓的摩登澳洲菜色以外，還可以品嘗到高水準的美食佳餚。

中心區　MAP 別冊P8A1

Tetsuya's

東洋與法式的融合
細膩的無國界菜色

和久田哲主廚成長於日本靜岡縣，1982年來到澳洲，在法國餐廳學習廚藝後，現已是替澳洲飲食文化帶來莫大影響的主廚之一。餐廳內僅提供套餐，菜色以傳統法國菜為基底，還隨處添加了和食的精髓，味道和外觀都十分洗練高雅。搭配種類豐富的葡萄酒，盡情沉浸在和久田帶來的美食世界吧。

↑日式建築的出入口
➡菜色視季節而異

DATA......
🚃市區鐵路電車TOWN HALL站步行5分
🏠529 Kent St.　📞(02)9267-2900　🕐10～12時（僅週六）、17時30分～24時　🈳週日、一休　💰士晚A$220～，開瓶費A$30／瓶

中心區　MAP 別冊P7C3

O Bar and Dining

超高樓層的旋轉餐廳

每1小時45分旋轉一圈，可一邊欣賞雪梨景致，一邊品嘗美食。菜餚運用當季食材，相當美味。

DATA......
🚃市區鐵路電車WYNYRAD站步行3分　🏠Level 47, Australia Sq., 264 George St.　📞(02)9247-9777　🕐17～23時（週一及日～22時30分、週四及六～翌日1時30分、週五12時～23時30分）　🈳無休　💰士晚A$85～

達令港　MAP 別冊P12B3

Nick's Seafood

享用新鮮海產
搭配種類豐富的葡萄酒

餐廳位在科庫爾灣碼頭（→P62），地中海風格的海鮮餐點十分受到歡迎，也很合台灣人的口味。從鮭魚、鮪魚排餐到沙拉，菜色種類相當豐富。綜合海鮮冷盤可說是該店的招牌菜色，新鮮海產滿滿一盤。屋外的平台座位面朝科庫爾灣步道，能近距離眺望美麗的海邊風光。

↑一排排的新鮮海產
➡綜合海鮮冷盤2人份A$160

DATA......
🚃市區鐵路電車TOWN HALL站步行10分
🏠The Promenade Cockle Bay Wharf
📞(02)9264-1212　🕐11時30分～15時、14時30分～22時（週五、六～23時）　🈳無休　💰士晚A$32～

 需預訂　 有著裝規定　 有執照　🍶 BYO

達令港 **MAP** 別冊P12B3

I'm Angus Steak House

超好吃的澳洲牛在這裡

能邊欣賞達令港美景、邊啖最高級的美味牛排，晚餐需要事先預訂。

DATA 🚋市區鐵路電車TOWN HALL站步行10分 ⊞The Promenade Cockle Bay Wharf ☎(02)9264-5889 🕐11時30分～15時、17時30分～22時（週五、六～23時、週日11時30分～22時）🈳無休 💰牛排A$29～

岩石區 **MAP** 別冊P10B1

The Dining Room

當地名流的最愛

主打融合地中海菜餚的摩登澳洲菜色，相當受到歡迎。能眺望雪梨港也是一大魅力。

DATA 🚋市區鐵路電車CIRCULAR QUAY站步行10分 ⊞日雪梨柏悅酒店（→P81）內 ☎(02)9256-1661 🕐6時30分～10時30分、12時～14時30分、18時～22時 🈳無休 💰午A$59～晚A$80～

岩石區 **MAP** 別冊P10B3

Phillip's Foote

可以自己烤牛排

店面宛如一間英式酒吧，裡頭的餐廳卻是燒烤類型，可自己動手烤喜愛的肉品來享用。菜色豐富，分量也十分充足。

DATA 🚋市區鐵路電車CIRCULAR QUAY站步行5分 ⊞101 George St. ☎(02)9241-1485 🕐12時～深夜（週日～22時）🈳無休 💰午A$32～晚A$33～

中心區 **MAP** 別冊P7C3

Jamie's Italian

店家自製麵條與講究的菜餚

Jamie Oliver為澳洲頂尖主廚之一，此為他經營的餐廳之一，能品嘗到店家自製義大利麵條與講究的菜餚。

DATA 🚋市區鐵路電車WYNYARD站步行5分 ⊞107 Pitt Street. ☎(02)8240-9000 🕐11時30分～23時（週日～22時）🈳無休 💰午A$10～晚A$40～

環形碼頭 **MAP** 別冊P10B2

Quay

最適合特別的日子前來晚餐
以美麗景觀為傲的餐廳

店家位在環形碼頭國際客輪船務中心，位置絕佳，雪梨歌劇院和雪梨港灣大橋就在眼前。過去獲頒《雪梨晨鋒報》的「雪梨最佳餐廳」，為雪梨首屈一指的名店。店內提供的摩登澳洲菜色，無論是味道還是外觀都十分細緻。非常適合來這裡慶祝紀念日等特殊的日子，建議事先訂位。午餐3套餐A$150～

↑由四道佳餚構成的A$175套餐之一
→明信片般的景致

DATA 🚋市區鐵路電車CIRCULAR QUAY站步行5分 ⊞Upper Level, Overseas Passenger Terminal ☎(02)9251-5600 🕐12時～13時30分（僅週五～日）、18時～21時30分 🈳無休 💰午A$150～晚A$175～

環形碼頭 **MAP** 別冊P11D2

Aria

面朝雪梨歌劇院

能夠品嘗到獨創中又帶有傳統感的摩登澳洲菜色，葡萄酒的種類也十分多樣。

DATA 🚋市區鐵路電車CIRCULAR QUAY站步行5分 ⊞1 Macquarie St. ☎(02)9240-2555 🕐12時～14時30分、17時30分～23時（週六17時～、週日18時～）🈳週六、日中午 💰午 A$46～晚A$105～

環形碼頭 **MAP** 別冊P11C4

Cafe Sydney

甜點全都好好吃

位於海關大樓（→P65）的頂樓，餐點採用新鮮魚貝類，深受顧客喜愛。推薦坐在露天座位。

DATA 🚋市區鐵路電車CIRCULAR QUAY站步行1分 ⊞海關大樓（→P65）內 ☎(02)9251-8683 🕐12時～23時（週六17時～、週日～15時）🈳無休 💰午A$36～

岩石區 **MAP** 別冊P10A4

Yoshii

曾登上漫畫《美味大挑戰》

吉井隆一先生經營的日本料理餐廳，曾獲當地報紙《雪梨晨鋒報》「美食指南」的2顆心評價。

DATA 🚋市區鐵路電車WYNYARD站步行7分 ⊞115 Harrington St. ☎(02)9247-2566 🕐12時～15時、18時～深夜（僅週六18時～）🈳週日 💰午A$42～晚A$130～午A$40～

 當地報紙《雪梨晨鋒報（SMH）》的「美食指南評選」，每年都會自雪梨和新南威爾斯州選出優秀的餐飲店家。會以1～3顆心進行評價，是個極具盛名的獎項。

莎莉丘

MAP 別冊P8B2

Nomad

備受矚目的休閒氣氛餐廳

店內中央配置開放式廚房，是間充滿活力的人氣店家，備有使用嚴選食材烹調而成的豐富單點菜色。燒烤羔羊A\$38。

DATA
🚇市區鐵路電車Museum站步行7分 🏠16 Foster St.Surry Hills 📞(02)9280-3395 🕐12時〜14時30分（週三〜六）、18〜23時（週一〜五，週六17時30分〜）🈳週日 💰⊕晚A\$10〜

北雪梨

MAP 別冊P4B1

Aqua Dining

能欣賞雪梨港灣大橋的義大利餐廳

位在雪梨港灣大橋的北角，是間位置絕佳的餐廳。店家鄰近奧運泳池和月神樂園，於內部能眺望湛藍大海和浪漫的港灣風景。菜餚以摩登洗練的義大利菜為中心，並且提供總數超過300種的澳洲產和進口葡萄酒。人氣晚餐除了可單點，還備有以四道佳餚構成的套餐A\$105。

↑雪梨港灣大橋近在眼前 ➡大啖當代義大利菜

DATA
🚇市區鐵路電車MILSONS POINT站步行7分 🏠Cnr. Paul & Northcliff Sts., Missions Point 📞(02)9964-9998 🕐12〜15時、18時〜21時30分 🈳無休 💰⊕晚2道菜的套餐A\$69〜

各國美食

❖

澳洲聚集了來自世界各地的移民，在此能夠品嘗到義大利、中國菜和日本料理等各國美饌，這也是澳洲的魅力。可供應道地菜餚的高水準餐館，更是齊聚在大都市雪梨。

中心區

MAP 別冊P8A1

Capitan Torres

鋪滿海鮮的西班牙海鮮飯

店家提供各國美食，其中類似什錦飯的西班牙海鮮飯中，放入很多以些微辛辣的莎莎醬調味的海產、鮮蝦和貝類。

DATA
🚇市區鐵路電車TOWN HALL站步行5分 🏠73 Liverpool St. 📞(02)9264-5574 🕐12〜15時、17〜23時 🈳無休 💰⊕晚A\$40〜

中心區

MAP 別冊P8A1

Madang

雪梨廣受好評的韓國餐館

此韓國餐館佇立於僻靜的地點，時常擠滿了住在澳洲的韓國人和日本人。除韓式烤肉和泡菜等招牌菜餚外，人稱韓國BBQ的燒肉特別受到歡迎。

DATA
🚇市區鐵路電車TOWN HALL站步行5分 🏠371 Pitt St. 📞(02)9264-7010 🕐11時30分〜翌1時 🈳無休 💰⊕A\$11〜晚A\$20〜

中心區

MAP 別冊P7C3

鱒屋
Masuya Japanese Restaurant

美味的關鍵在於食材新鮮度

當地知名日本料理店，除壽司和生魚片外，也提供豐富的和食菜色。國產葡萄酒A\$9〜。

DATA
🚇市區鐵路電車WYNYARD站步行7分 🏠Basement Level, 12-14 O'Connell St. 📞(02)9235-2717 🕐12時〜14時30分、18〜22時（週六18時〜）🈳週日 💰⊕A\$25〜晚A\$40〜

中心區

MAP 別冊P13D4

一番星
Ichi-ban Boshi

還是拉麵最好吃

此拉麵店引以為傲的是，自製的道地手打麵，及採用豚骨和雞骨熬出獨特的湯頭。醬油味東京拉麵A\$9.90，餃子等配菜也備受喜愛。

DATA
🚇市區鐵路電車TOWN HALL站步行2分 🏠The Galeries（→P72）內 📞(02)9262-7677 🕐11〜21時 🈳無休 💰⊕晚A\$11〜

中心區

MAP 別冊P8A1

Chefs Gallery

好看又超好吃的中國菜

在時尚空間內享用摩登的中國菜。店內寬廣，廚房採玻璃隔間，主打麵類、餃子類等代表性的中國菜。

DATA
🚇市區鐵路電車TOWN HALL站步行1分 🏠Shop 12, 501 George St. 📞(02)9267-8877 🕐11時30分〜15時、17時30分〜22時 🈳無休 💰⊕A\$15〜晚A\$20〜

中國城　MAP 別冊P8A1

麺一究
Ramen Ikkyu

▌主打自製麵條和不添加味精

日本人店主原是法國餐廳主廚，他的拉麵特徵在於加入魚貝鮮味的雞骨白湯。

DATA..........
市區鐵路電車TOWN HALL站步行10分　Shop F1A, 401 Sussex St,Sussex Centre Food Court, Haymarket　(02)9281-0998　12時～20時30分（週四～六～21時）　無休　A$10～

達令港　MAP 別冊P12A4

Zaaffran

▌高雅的摩登印度菜

印度菜餐廳，主廚曾在新加坡知名飯店「Raffles」工作，咖哩A$26.80～。

DATA..........
輕軌電車CONVENTION站步行2分（港灣購物中心（→P73）內　(02)9211-8900　12時～14時30分、18時～21時30分（週五、六～22時30分）　無休　A$30～

達令港　MAP 別冊P6B4

Braza

▌大口吃肉！

以巴西燒烤聞名的巴西餐館。店內提供各式肉品，因此建議先餓個肚子再前往用餐。週末最好事先訂位。

DATA..........
市區鐵路電車TOWN HALL站步行10分　1-25 Harbour St.　(02)9286-3733　12時～15時30分、17時～深夜　無休　A$40～

岩石區　MAP 別冊P10B1

Italian Village

▌建議坐在露天座位享用午餐

改裝位在古老街區的倉庫。主打醬料種類豐富的義大利麵和海鮮菜餚。週末需預訂。

DATA..........
市區鐵路電車CIRCULAR QUAY站步行7分　7 Circular Quay West　(02)9247-3666　12～22時（週六～23時、週日11時30分～）　無休　A$30～A$60～

岩石區　MAP 別冊P10B2

Sailors Thai

▌在雅緻的店內品味泰國菜

1樓為道地泰國菜餐廳，需預訂。2樓為氛圍較輕鬆的餐館，傳統的泰國咖哩廣受好評。

DATA..........
市區鐵路電車CIRCULAR QUAY站步行5分　106 George St.　(02)9251-2466　12時～14時30分（2樓週一～五、1樓週五）、17～22時（2樓每日、1樓週二～六）　無休　1樓A$30～2樓A$60～

岩石區　MAP 別冊P10B2

Caminetto Italian Restaurant & Pizzeria

▌愉悅的氣氛也是受歡迎的秘訣

以實惠的價格便能享用傳統的義大利菜，披薩、義大利麵的變化也相當多樣，無論是味道還是分量都令人非常滿意。雪梨岩生蠔A$25.90（12顆）。

DATA..........
市區鐵路電車CIRCULAR QUAY站步行7分　17 Playfair St.　(02)9247-5787　10～22時　無休　A$15～A$25～

岩石區　MAP 別冊P10B2

四季
Shiki

▌於岩石區享用和食

位在鐘塔廣場2樓的日本料理餐廳，生魚片、天婦羅、壽司和涮涮鍋都很受歡迎。

DATA..........
市區鐵路電車CIRCULAR QUAY站步行5分　Cnr. Argyle & Harrington Sts.　(02)9252-2431　12～14時、18～21時（週六、日、國定假日18時～）　無休　A$30～A$50～

達令赫斯特　MAP 別冊P8B1

Tandoori Palace

▌素食餐點也十分豐富

餐廳備有卡拉OK派對包廂（需預約），不只提供摩登印度餐點，也能品嘗傳統的印度菜餚。

DATA..........
搭乘378、380路巴士於泰勒廣場前的巴士站下車，步行3分　86 Oxford St.　(02)9331-7072　17時30分～深夜　無休　A$20～

帕丁頓區　MAP 別冊P9C1

Buon Ricordo

▌義大利的傳統美味

雪梨市內數一數二美味的名店，能夠品嘗到使用在地新鮮食材的頂級義大利菜。餐點種類也十分豐富。

DATA..........
中心區車程10分　108 Boundary St.　(02)9360-6729　12時～14時30分（僅週五、六）、18時30分～22時30分　週日、一　A$70～

以某國移民為中心而形成的街區中，會有許多提供該國菜色的餐廳，如中國城（→P63），或是新鎮（→P51，泰國菜）等。雖然這些地方距離市中心有些距離，但時間若是許可，不妨前去品嘗。

咖啡廳 & 酒吧

雪梨擁有深厚的咖啡文化，令人很期待在咖啡廳中度過片刻時光。在咖啡廳中不只可啜飲咖啡，於很多店家也能嘗到美味的餐點。此外，雪梨亦有眾多酒吧、紅酒吧等能夠把酒言歡的地方。盡情享受夜晚的雪梨吧。

中心區 MAP 別冊P13C4

Old Vienna Coffee House
散發QVB氛圍的咖啡廳

散發典雅氣氛的咖啡餐廳，極具魅力。菜色種類多元，從義大利麵到牛排應有盡有。

DATA
市區鐵路電車TOWN HALL站下車即到 維多利亞女王大廈(→P30)內 (02)9267-5746 8時～18時30分（週六～20時30分、週日9時～17時30分） 無休 A$19～

中心區 MAP 別冊P13D2

The Tea Centre of Sydney
店內瀰漫紅茶香氣

一般紅茶到香草茶皆可品嘗的紅茶專賣店，秤重販售超過180種的紅茶，茶杯等用具種類也十分多樣。

DATA
市區鐵路電車TOWN HALL站步行7分 Shop16, Ground Level 210 Pitt St. (02)9267-6292 9時～17時30分（週四～20時、週六10～16時） 週日 A$5～

中心區 MAP 別冊P13C3

De Vine
供應可口午餐和甜點

美味的午餐和甜點大受歡迎，海鮮、肉品一應俱全，甜點種類也非常豐富。午餐時段店內時常擠滿上班族。

DATA
市區鐵路電車TOWN HALL站步行5分 32 Market St. (02)9262-6906 12時～23時30分（週六17時30分～） 週日休 A$25～

中心區 MAP 別冊P13D3

The Gallery Tea Lounge
品嘗傳統的下午茶

傳統的下午茶點心架「Max Brenner」的熱巧克力A$8～，很受歡迎。

DATA
市區鐵路電車TOWN HALL站步行5分 雪梨喜來登公園飯店(→P80)內 (02)9286-6000 7時30分～17時（週六、日10時～16時30分） 無休 A$25～

中心區 MAP 別冊P13D3

Zeta Bar
雪梨最前衛的酒吧

酒吧位在雪梨希爾頓酒店內，以雞尾酒聞名，獲獎無數。用鳳梨作為容器的Sol Y Sombra A$20。也會舉辦類似DJ現場表演的活動。

DATA
市區鐵路電車TOWN HALL站步行3分 雪梨希爾頓酒店(→P80)內 (02)9265-8374 17時～深夜 週日 雞尾酒A$19～95

中心區 MAP 別冊P13C2

P.J. O'Brien's
氣氛活絡的愛爾蘭酒吧

店內裝潢清一色為愛爾蘭製物品，氛圍絕佳。務必點上健力士啤酒，搭配高人氣的啤酒牛肉派A$19。

DATA
市區鐵路電車WYNYARD站步行5分 57 King St. (02)9290-1811 12時～深夜（週六、日13時～翌2時、週日12時～） 無休 啤酒A$4.50～

岩石區 MAP 別冊P10B2

Ananas
也可坐在露天座位享受午餐

來此店可於午餐、晚餐、酒吧各時段盡情享受地中海風格的法國菜，雞尾酒、葡萄酒和香檳的種類也十分齊全。亦會舉辦DJ現場表演等活動。

DATA
市區鐵路電車CIRCULAR QUAY站步行5分 18 Argyle St. (02)9259-5668 11～24時 無休 A$16～ A$22～

環形碼頭 MAP 別冊P7C2

The Basement
老字號現場表演

爵士&藍調的著名現場表演。來此可以享受酒吧和墨西哥式美食。啤酒A$8.50～。此處也是巨星會來舉辦演唱會的知名場地。

DATA
市區鐵路電車CIRCULAR QUAY站步行5分 29 Reiby Place (02)9251-2797 12～23時 週日 酒吧啤酒A$8.50～

 需預訂  有著裝規定 有執照 BYO

禧市　MAP 別冊P8A1

Passion Flower

品嘗芝麻和抹茶口味

此咖啡廳因獨特口味的冰淇淋而大受歡迎。黑芝麻、抹茶冰淇淋A$10，可外帶。

DATA
🚋輕軌電車CAPITOL SQUARE站即到 📍Shop G12, Capitol Sq. Atrium, 730-742 George St. 📞(02)9281-8322 🕙10～24時（週五、六～翌1時）🈚週日 💰🍴A$4.50～

岩石區　MAP 別冊P10B3

MCA Café

隱密的觀景地點

咖啡廳位在當代美術館（→P64）頂樓，從露天座位可同時遠眺雪梨歌劇院和雪梨港灣大橋。也有販售輕食類餐點。

DATA
🚋市區鐵路電車CIRCULAR QUAY站步行3分 📍Level4, 140 George St., The Rocks 📞(02)9250-8443 🕙10～16時（週四～20時30分）🈚無休 💰🍴A$10～

達令赫斯特　MAP 別冊P9C1

Tropicana

可啜飲美味的咖啡

備受當地人喜愛的咖啡廳，可自選麵包種類和配料的三明治、沙拉、義大利麵等餐點類型都相當豐富，分量非常充足。培根&蛋的早餐A$10.80～

DATA
🚋市區鐵路電車KINGS CROSS站步行3分 📍227 Victoria St. 📞(02)9360-9809 🕙6時～22時30分 🈚無休 💰🍴A$12～🍷A$20～

烏魯姆魯　MAP 別冊P7D3

Harry's Cafe de Wheels

澳洲人大排長龍
酥皮肉派的人氣店家

酥皮肉派這道菜餚被譽為澳大利亞的國民美食，在販售酥皮肉派的店家中，最著名的就是此間1945年開設的店家。除酥皮肉派之外，也有銷售熱狗等輕食。酥皮肉派共有10種，內餡和配料都有所不同。招牌餐點是在酥皮肉派上鋪滿馬鈴薯泥和豌豆泥再淋上肉汁醬的「TIGER」A$7.20。

⬆招牌餐點TIGER，最下層為肉派➡外帶專門店

DATA
🚋輕軌電車CAPITOL SQUARE站下車即到 📍730-742 George St.Haymarket 📞(02)9281-6292 🕙9～22時（週三、四～24時，週五、六～翌3時，週日10時～）🈚無休 💰🍴A$4.20～

莎莉丘　MAP 別冊P8B2

The Winery

當地年輕人趨之若鶩

店內提供超過60種葡萄酒，皆為侍酒師精挑細選的酒款。店內寬敞，天花板挑高，也設有露天座位，讓人感到心曠神宜。照片中的雞尾酒A$17。

DATA
🚋搭乘378、380路巴士至泰勒廣場前的巴士站下車，步行5分 📍285A Crown St. Surry Hills 📞(02)8070-2424 🕙12～24時 🈚無休 💰🍴A$10～

美食廣場也值得一去

購物之餘若想要好好享用餐點，就要多加利用購物中心或藝廊中設置的美食廣場。由於許多當地著名餐廳都會進駐美食廣場，不必勞頓也能嘗到在地美味。

⬇Food on Five的店內

Food on Five

位於Westfield Sydney內，匯集了當地的熱門餐廳。
🚋市區鐵路電車TOWN HALL站步行5分 📍Westfield Sydney（→P72）內 📞(02)8236-9200 🕙營時視商鋪而異10時～18時30分（週四～21時，週五六～20時）💰🍴A$8～ MAP別冊P13D3

The Galeries Food Hall

約有10間店進駐的美食廣場，亞洲美食種類多樣，即使每日光顧也不會厭煩。
🚋市區鐵路電車TOWN HALL站步行2分 📍The Galeries（→P72）內 📞(02)9265-6888 🕙9～18時（週四、五～20時，週六為11～17時）🈚休（視店鋪而異）💰🍴A$8～ MAP別冊P13D4

Promenade Eatery

除了有異國美食以外，也有水果攤、咖啡廳等。
🚋輕軌電車CONVENTION站步行2分 📍港灣購物中心（→P73）內 📞(02)9986-5339 🕙10～21時（視店鋪而異）🈚無休 💰🍴A$8～ MAP別冊P12A4

澳洲由於咖啡的種類非常多，即使說出「請給我咖啡」，對方也會反問「您要哪種咖啡？」，因此點餐時最好說清楚品項名稱，例如「Can I have a cappuccino, please?」（請給我一杯卡布奇諾）。

✤ Shopping

購物

遊逛澳洲第一大城雪梨，
購物也是旅程中的醍醐味之一。
不同街區中的商家，主打類型也會有所不一，
因此購物前最好先決定要前往何處。

特輯 Check!

QVB血拼去…P30
澳洲品牌…P32
有機美妝品…P34

Advice

●營業時間與公休日
一般而言，大多數店家的營業時間是平日9～17時，週六、日及國定假日～16時，但也有週日或國定假日公休的商家。週四由於為購物日，因此許多商店都營業至21時。

●付款
雖有部分店家僅能使用現金，不過基本上都能刷卡結帳。
●注意事項
服飾與鞋子多為大尺寸，尺寸標示法也可能與台灣不同，因此務必要試穿。

百貨公司&購物中心

✤

只要前往百貨公司或購物中心，就能在同一個地點逛到很多商店，最適合時間有限的旅客。特別是中心區，有好幾間百貨公司聚集於此，如果要逛街購物，推薦就從中心區開始！

中心區 **MAP** 別冊P13D3

Westfield Sydney

雪梨購物的
黃金地點就在這裡！

超過300間店進駐的大型購物大樓。等同1樓的「L2」層是休閒品牌，等同2～3樓的「L3～4」層為高級精品；地下一樓的「L1」層則以生活雜貨店或咖啡廳等為中心。此外，4樓的「L5」層匯集了當地人氣餐廳，並且可藉由館內通道前往鄰近的大型百貨David Jones和Myer。

↑大樓上方為雪梨塔 ➡連接其他百貨的館內通道

DATA
🚇市區鐵路電車TOWN HALL站步行5分
🏠Cnr. Pitt St Mall & Market Sts.
📞(02)8236-9200 🕐9時30分～18時30分（週四～21時、週日10～18時） 🈚無休

中心區 **MAP** 別冊P13D3

David Jones

老字號高級百貨

共有男士館和女士館2棟賣場，能夠通往Centerpoint大樓。澳洲各地都有分店。

DATA
🚇市區鐵路電車TOWN HALL站步行5分 🏠86-108 Castlereagh St. 📞(02)9266-5544 🕐9時30分～19時（週四、五～21時，週六9時～，週日、國定假日9時30分～）🈚無休

中心區 **MAP** 別冊P13D4

The Galeries

熱門的
購物及美食地點

位在維多利亞女王大廈前方，為一處複合式購物商場，喬治街和皮特街上皆有入口，從市區鐵路電車TOWN HALL站也可直接通達。廣場採挑高設計，各樓層還擺設各式裝置藝術，飄散著既摩登又開放的氛圍。1～2樓有無印良品、日本料理，3樓有紀伊國屋書店和拉麵店進駐，也可見到許多日本客的身影。

↑1樓也有許多澳洲本地品牌 ➡追求時髦者的聚集地

DATA
🚇市區鐵路電車TOWN HALL站步行2分
🏠500 George St. 📞(02)9265-6800 🕐地下樓層9～18時（週四～20時、週六10～17時、週日11～16時）1～3樓10～18時（週四～21時、週日11～17時）🈚無休

MAP別冊P8A1

World Square

複合式商圈

有飯店、店鋪和餐飲店等超過90間商家進駐，從時尚服飾到日常用品一應俱全。

DATA
市區鐵路電車TOWN HALL站步行5分　680 George St.
(02)8669-6900　10～19時（週四～21時，週日、國定假日11～17時）※視店鋪而異　視店鋪而異

MAP別冊P13D2

Myer

澳洲人的日常用品應有盡有

與Sydney Central Plaza位在同一棟建築裡，1～7樓都為其領域。雖然David Jones就在附近，但此處匯集了主打年輕走向的休閒商品，因此散發較易親近的氣氛。特別是日常生活用品種類豐富，能從商品窺探澳洲人的生活樣貌也是一種樂趣。當然，賣場裡也設有精品專櫃等。記得查詢折扣期間！

↑喬治街上的入口

→化妝品賣場中聚集了許多台灣也常見的品牌

DATA
市區鐵路電車TOWN HALL站步行5分　436 George St.
(02)9238-9111　9～19時（週四～21時、週五20時）　無休

  MAP別冊P10B3

DFS Galleria Sydney

位於喬治街上的大型免稅店

佇立在喬治街上的大型免稅店。由於要配合保存街景，因此建築物維持著舊時風貌。先至5樓櫃台，只要出示護照和回程機票（電子機票），便能申辦購物卡，之後在賣場中只要遞出卡片就可購物。此處販售的商品琳瑯滿目，從國內外著名精品，到時尚服飾、美妝品、葡萄酒和伴手禮等，種類眾多。

↑喬治街上的入口位在較為內側的地方

→葡萄酒等酒類和美妝品種類豐富

DATA
市區鐵路電車CIRCULAR QUAY站步行3分　155 George St.　(02)8243-8666
11時30分～19時　無休

MAP別冊P12A4

港灣購物中心
Harbourside Shopping Centre

有很多個性店鋪＆餐廳

面朝達令港的2層樓購物中心，可自中心區出發，行經派蒙大橋便能抵達。店家以當地熱門在地品牌、生活雜貨和伴手禮為中心，也有許多風格獨特的店家，美食廣場、咖啡廳和餐廳的選擇更是多樣。無論是平日還是假日，皆營業至晚間9點。可以逛到晚一點也沒關係。

→購物中心前的大道

  MAP別冊P13D2

The Strand Arcade

深受市民喜愛的維多利亞式拱廊商場

此拱廊商場創業於1892年，沉穩的建築樣式令人印象深刻，共3層樓的拱廊中央採挑高設計，最高樓層能清楚欣賞華麗的商場內部。多由時髦的商家進駐，與古典的內部裝潢形成對比，商店類型繁多，橫跨珠寶、美妝品、巧克力和時尚服飾。此外，地下樓層也有販售音響機材和電腦的商家，同時還設有可隨性入內的咖啡廳。

↑彩繪玻璃十分漂亮

→皮特街購物大道上的入口

DATA
市區鐵路電車TOWN HALL站步行5分　412-414 George St
(02)9265-6800　9時～17時30分（週四～20時、週六～16時、週日11～16時）
※視店鋪而異　無休

↑認明拱形玻璃就對了

DATA
輕軌電車CONVENTION站步行2分　2-10 Darling Drive
(02)9080-8860　10～21時
無休

 凱薩琳街（**MAP**別冊P13D1～4）和伊莉莎白街（**MAP**別冊P7C3～4）上林立著眾多一線精品的店面。
若有心儀的品牌，記得前去逛逛！

當地品牌

澳洲製造的品牌，以時尚服飾為中心，泳裝等運動用品則相當受到歡迎。其中不乏在台灣也能看見的品牌，但是當地有許多未在台灣販售的商品，因此依舊值得好好逛逛，享受購物樂趣。

中心區　MAP 別冊P13D2

Billabong
（皮特街購物大道店）

澳洲人酷愛的
全球知名衝浪品牌

↑在台灣也十分受歡迎的 BillabongT恤，種類豐富
➡位在徒步區的街道上

1973年誕生於澳大利亞的衝浪品牌，在台灣也十分受到歡迎。除販售兼具出色舒適度和保暖性的衝浪裝之外，還提供也能當作一般服飾的T恤、運動外套、連帽大衣、POLO衫、短外套等，會依每個季節推出適合的款式。亦有販售趴板、滑板等用品。印有地名的T恤A$45.99，很適合買來當作伴手禮。

DATA
🚃市區鐵路電車MARTIN PLACE站步行4分 🏠Shop T7/Sydney Arcade. Pitt St. Mall 📞(02)9223-0361 🕐9～18時（週四～21時、週日10～17時）🚫無休

中心區　MAP 別冊P13D4

Monster Threads

極具個性的圖案廣受好評

T恤和外套用色時髦、圖樣獨特，是十分受到歡迎的服飾品牌。鳥籠、小鹿、香菇、蝴蝶等造型的珠寶也深受顧客喜愛。相片T恤A$35、保鮮罐（小）A$16.95、（大）A$22.95等，無論男女都很喜愛此品牌的奇幻世界觀。

➡各種動物被設計成各式商品

↑商品圖樣雖然簡約，但每種都極具個性

DATA
🚃市區鐵路電車TOWN HALL站步行2分 🏠The Galeries（→P72）內 📞(02)9029-9201 🕐10時～18時30分（週四～21時、週五～19時、週日11～18時）🚫無休

中心區　MAP 別冊P7C4

Kathmandu

人氣登山用品應有盡有

澳洲最大戶外用品店，主打在海外也很受歡迎的登山裝和用具，種類豐富。

DATA
🚃市區鐵路電車TOWN HALL站步行2分 🏠Shop35, Town Hall Arcade, Corner Kent & Bathurst St. 📞(02)9261-8901 🕐9時～17時30分（週四～20時30分、週六～17時、週日10～16時）🚫無休

中心區　MAP 別冊P13D4

Gorman

極受當地女性喜愛

設計師Lisa Gorman於墨爾本創立此品牌，一直給人明朗愉快又充滿童趣的印象。除簡單俐落的連身裙、採用大膽印花圖樣的休閒服和居家服等衣著之外，也有販售飾品、帽子、鞋子、太陽眼鏡、包包、針織品等，深受10～30歲當地女性的喜愛。亦有適合亞洲人的小尺寸。洋裝A$200～、開襟羊毛衫A$150～、高跟鞋A$250左右。

中心區　MAP 別冊P13D2

Country Road

Smart Casual的基本款

從居家飾品到商務服裝，此品牌銷售各類服裝。基本款上衣A$60～、休閒褲A$90～。也很推薦他們的各款包包。

DATA
🚃市區鐵路電車TOWN HALL站步行7分 🏠142-144 Pitt Street Mall 📞(02)9394-1818 🕐9～18時（週四～21時、週日11～17時）🚫無休

↑配色繽紛為品牌特色
➡墜飾設計獨特的手環A$39

DATA
🚃市區鐵路電車TOWN HALL站步行2分 🏠The Galeries, 500 George St. 📞(02)9261-0971 🕐10～18時（週四～21時、週日11～17時）🚫無休

中心區　MAP 別冊P13D2

Louis Cardini

品質之好，足以「用上一輩子」

創業於1973年的皮革品牌。店內架上陳列著以牛皮、袋鼠皮、鴕鳥皮等製成的手工包。袋鼠皮名片夾A\$110。

DATA
市區鐵路電車TOWN HALL站步行5分　The Strand Arcade（→P73）內　(02)9231-5525　9～18時（週四～20時）　無休

中心區　MAP 別冊P13D3

Holster

海灘、逛街兩相宜
女用涼鞋店

女鞋品牌，據點設在澳洲東海岸的努沙海灘。人氣鞋款「果凍涼鞋」的特徵在於，粉紅、鮮綠等明亮配色，其類似橡膠的極耐用質地。樣式也十分多變，從綴有寶石、貝殼或小飾品等以裝飾為重點的高雅鞋款，到附有鉚釘的搖滾風鞋款，應有盡有。另外還有必備款的麵包鞋和孩童涼鞋。

↑添有灰色小飾品的涼鞋 A\$59.95
→位在David Jones的4樓

DATA
市區鐵路電車TOWN HALL站步行5分　David Jones（→P72）L4內　(02)9266-5544　9時30分～19時（週四、五～21時、週六9時～）　無休

達令港　MAP 別冊P12A4

Surf Dive'n'Ski

要看衝浪時尚來這裡就對了
時髦用品琳瑯滿目

在雪梨擁有最多連鎖店的人氣衝浪用品店。以自家品牌（SDS）的衝浪板、趴板為中心，還有銷售Quiksilver、Rip Curl、Roxy、Billabong等知名品牌的衝浪時尚用品。T恤A\$49.99～、A\$帽子29.99～、A\$拖鞋16.99～、A\$錢包39.99～、沙灘包A\$29.99～等，商品五花八門，應有盡有。

↑也銷售印有商標的T恤、童裝、手錶、飾品配件類
→達令港內的店舖

DATA
輕軌電車CONVENTION站步行2分　港灣購物中心（→P73）內　(02)9458-4987　10～21時　無休

帕丁頓區　MAP 別冊P9D3

Akira Isogawa

日本設計師的焦點店家

五十川明曾前往雪梨打工度假，爾後於當地學習時尚設計，現已為澳大利亞首屈一指的頂尖設計師，十分活躍於業界。他出身京都，出自他手的設計，作為藝術品也受到相當大的矚目。除1993年於胡拉勒開設的1號店外，在The Strand Arcade中也設有店舖。

→和風樣式及設計備受澳洲人喜愛

帕丁頓區　MAP 別冊P9D3

Sonya Hopkins

針織設計師的熱門店

當地設計師Sonya Hopkins經營的店，主要販售配色美麗的針織品。強調女人味的連身裙A\$500左右。

DATA
搭乘378、380路巴士，於牛津街和威廉街角的巴士站下車即到　17 William St., Paddington　(02)9380-8030　10～18時（週日、一11～16時）　無休

帕丁頓區　MAP 別冊P9C2

Manning Cartell

講究高品質

曼寧4姊妹於2005年創立，於雪梨發跡的女性品牌，從打版到縫製全部一手包辦。

DATA
搭乘378、380路巴士，於維多利亞軍營對面的巴士站下車即到　110 Oxford St., Paddington NSW 2021　(02)9326-0700　10～18時（週四～19時、週日11～17時）　無休

↑附披肩的洋裝A\$470

DATA
帕丁頓市政廳步行12分　12A Queen St., Woollahra　(02)9361-5221　11～17時　周日～二休

其他主要的澳洲品牌如下：Coogi、RM Willams、Mambo、Rip Curl（→P33）等。

生活雜貨&
工藝品

挑選生活雜貨及工藝品時，盡量多逛幾家店，尋找滿意的商品吧。推薦選購澳洲才有的原住民工藝品，獨特的配色和設計其他地方很難找到。小型生活雜貨也有許多高品質的產品。

中心區　MAP 別冊P13C4

Aboriginal Art Gallery

鑑賞澳洲原住民的
獨特工藝作品

除了陶器、玻璃等工藝品外，也有陳列迴旋鏢、像是大型笛子的木製管樂器「迪吉里杜管」等眾多彰顯原住民獨特文化的作品。然而內部不只展出傳統作品，也有擺放當代原住民藝術家的前衛畫作等，亦有銷售美術作品。除維多利亞女王大廈外，於歌劇院碼頭（→P11C3）也設有藝廊。

↑位在ＱＶＢ內，經營的作品種類十分廣泛 ➡木製迴旋鏢A\$15.95～

DATA......................
交市區鐵路電車TOWN HALL站即到
住維多利亞女王大廈（→P30）內
☎(02)9264-9018　時10～18時（週四～20時、週日11～17時）　休無休

中心區　MAP 別冊P13D2

Gewurzhaus

主打澳洲原產的香草和香料

位在The Strand Arcade內的香草、香料專賣店。拱廊的古典外觀和透過玻璃窗能見到的摩登店面，兩者的對比為一大特徵。從數十種香料，到各式香草、鹽、胡椒、糖等，店內擺滿密密麻麻的澳洲原產商品。澳洲灌木胡椒10g A\$1.90，本土檸檬胡椒10g A\$2.40等，若買來當伴手禮送人，對方應該會很開心。

➡也有色彩繽紛、設計時尚的廚房用具

↑一排排澳洲原產香料

DATA......................
交市區鐵路電車TOWN HALL站步行5分　住The Strand Arcade（→P73）內　☎(02)9221-0545　時9時～17時30分（週四～20時、週六～17時、週日11～16時）　休無休

中心區　MAP 別冊P13D4

Full spot

依照個人喜好
組合出獨一無二的手錶和包包

品牌誕生於義大利，可依個人喜好搭配組合樹酯製成的手錶、包包和手環等。O'clock錶A\$54～，可自行搭配顏色選擇豐富的錶帶，和設計可愛的錶體，享受多樣組合的樂趣。此外，手錶與花朵手環A\$19.90～也極為相襯。試著配合季節或穿著更換錶款亦是一大樂趣。

↑店內陳列著顏色鮮艷的商品
➡商品充滿玩心，感覺會想多買幾個

DATA......................
交自市區鐵路電車TOWN HALL站步行2分　住The Galeries（→P72）內　☎(02)9267-5163　時10～18時（週四～20時、週日11～17時）　休無休

中心區　MAP 別冊P13C4

Peter Nathan Toy Soldier

內有收藏家等級的珍品

開業20年的軍事模型店，商品從A\$30起，高價物品甚至超過A\$2500，店內也有擺出足以當作骨董收藏的商品。

DATA......................
交市區鐵路電車TOWN HALL站即到
住維多利亞女王大廈（→P30）內
☎(02)9267-5591　時10～18時（週四～21時、週日11～17時）　休無休

中心區　MAP 別冊P13C4

Paws A While

可愛的貓狗用品

內售各式貓狗生活雜貨，品項也很豐富，有看板、擺飾和小東西等。各種狗兒的門用吊牌A\$17.99，也有貓兒版本。

DATA......................
交自市區鐵路電車TOWN HALL站即到　住維多利亞女王大廈（→P30）內　☎(02)9261-2952　時10～18時（週四～20時、週日11～17時）　休無休

中心區　 別冊P13D3

Kikki.K

主打五顏六色的可愛文具

充滿柔和色調的文具店，記事
本、相簿等搭配色繽紛，設計相
當可愛，光
是用看的就
令人開心。

DATA
🚋市區鐵路電車TOWN HALL站步
行5分　🏢Westfield Sydney
(→P72)內　📞(02)8098-0147　🕙9
時30分～18時30分(週四～21時、
週日10～18時)　🚫無休

達令港　 別冊P12A4

Typo

藉由色彩豐富的時尚文具
提升書桌周邊的風格品味

內售眾多文具，採用明亮的柔
和色調，設計簡單俐落，能讓
書桌變得感覺既華麗又活潑。
活用紙張質感的資料夾及包
包、能組合成字句的印章及攜
帶盒、掛壁藝術品、耳罩式耳
機等，商品種類琳瑯滿目。A5
基本款穿孔扣環式筆記本4本

↑內有眾多文
具，顏色繽
紛，設計可愛
➡位於港灣購
物中心2樓

A$15，方便攜帶且樣式豐富，
因此很推薦買來自用，或當作
贈與同事的伴手禮。

DATA
🚋輕軌電車CONVENTION站步行2分　🏢
港灣購物中心(→P73)內　📞(02)9281-4400
🕙10～21時　🚫無休

中心區　 別冊P12A4

John Chen Galleries

來張穿越旅程的人像畫

展示、銷售在地藝術家John Chen
的油畫作品。此外，花費A$20～
和幾分鐘的
時間，便能
請店家繪製
人像畫。

DATA
🚋輕軌電車CONVENTION站步行2
分　🏢港灣購物中心(→P73)內
📞(02)9281-5168　🕙10～21時
🚫無休

達令赫斯特　 別冊P8B2

Route 66

美式懷舊商品

主打搖滾風、搖滾比利風格的
靴子、服飾和生活雜貨，靴子
A$145～。
也有許多馬
口鐵玩具及
骨董。

DATA
🚋搭乘378、380路巴士於泰勒廣場
前的巴士站下車，步行5分　🏢255-
257 Crown St.　📞(02)9331-6686
🕙10時30分～18時(週四～19時30
分、週日12～17時)　🚫無休

帕茲岬　 別冊P4B2

Macleay on Manning

高品質生活雜貨

室內用品雜貨專賣店，深受當地
潮流人士的注目，主打設計感強
的高品質家
具等。照片
中的雪梨歌
劇院造型燈
具A$100。

DATA
🚋市區鐵路電車KINGS CROSS站
步行7分　🏢1/85 Macleay St.,
Potts Point　📞(02)9331-4100
🕙10～18時(週日10時30分～17時)
🚫無休

岩石區　 別冊P10B3

Adventure Australia

澳洲伴手禮大集合

大型伴手禮店，內售澳洲各式
運動的人氣隊伍周邊商品、時
尚服飾、保健食品、有機美妝
品、手工皂、手錶和相框等各
式澳洲伴手禮。ENVIROSA近年
備受好萊塢名流喜愛，這裡也
買得到此品牌的環保袋，也因
而匯集不少人氣。環保袋擺放
在收銀檯前。

↑滿是澳洲的代
表性伴手禮
➡ENVIROSA的
環保袋A$9.95，
3個A$25

DATA
🚋市區鐵路電車CIRCULAR QUAY站步行
3分　🏢140 George St.　📞(02)9251-1400
🕙9時～20時30分　🚫無休

岩石區　 別冊P10B2

Get Drenched

手工香氛燭

店家主打添加精油的可愛手工香
氛蠟燭及沐浴皂等五花八門的商
品。前來
畢業旅行
的日本學
生都特別
喜歡這家
店。

DATA
🚋市區鐵路電車CIRCULAR QUAY
站步行6分　🏢29 Playfair St.
📞(02)9251-1446　🕙10～17時
🚫無休

澳洲原住民的工藝品中名聲響亮的就屬迴旋鏢和管樂器「迪吉里杜管」。原本迴旋鏢是用於狩獵或祭祀
的工具；「迪吉里杜管」為尤加利木製成，據說是世界上最古老的管樂器之一。

時尚配件&飾品

擁有鱷魚皮和鴕鳥皮等多種皮革製品，縫製手法都非常細膩，十分耐用。此外，澳洲為全球數一數二的蛋白石產地，因此也有很多專賣店販售品質優良的蛋白石。

中心區　MAP 別冊P13C4

Baku

高品味銀飾

販售多種使用銀、石材、骨董串珠等製成的飾品，簡約洗練的設計，受到廣泛年齡層的喜愛與支持。

DATA
市區鐵路電車TOWN HALL站即到　維多利亞女王大廈（→P30）內　(02)9264-3875　準同維多利亞女王大廈

中心區　MAP 別冊P13D2

Hype DC

各式用色多變的鞋款

以名牌時尚鞋款為中心，銷售適合各世代的鞋子。顏色選擇十分多樣，陳列方式也相當有品味。

DATA
市區鐵路電車TOWN HALL站步行5分　Westfield Sydney（→P72）內　(02)9221-5688　9時30分～18時30分（週四～21時、週日10～18時）　無休

中心區　MAP 別冊P13C4

Oroton

正式場合也適合的高級皮革製品與珠寶

澳洲知名品牌，以手提包、皮帶、皮夾等皮革產品為主，亦有販售珠寶等。隨手拿起一件，都是擁有高尚設計及配色的單品，帶到公開場合完全不成問題。使用厚實皮革製成的公事包A$695，為人氣商品之一，使用越久越有質感，是件能讓人體會到高品質的傑作。若喜歡幹練風格的服裝配件，務必前來走走逛逛。

↑店內陳列各式設計簡約、品質絕佳的商品，即使每天使用也不會厭煩 ⇒市區共有4間店鋪

DATA
市區鐵路電車TOWN HALL站即到　維多利亞女王大廈（→P30）內　(02) 9261-1984　9～18時（週四～21時、週日11～17時）　無休

中心區　MAP 別冊P13C4

Volle Jewellery

將真花製成飾品

運用特殊技術將鮮花培育成迷你尺寸，加工為飾品後販售。主要使用西澳洲的花材，每件商品都擁有獨特風格。

DATA
市區鐵路電車TOWN HALL站即到　149 York St.　(02)9269-0898　9時30分～19時（週日10時30分～18時30分）　無休

蛋白石的必備知識

蛋白石為矽酸的結晶，據說要形成1mm的結晶大約要耗費600萬年，會散發神秘的美麗光輝，自古以來西方人就視其為珍寶。澳洲的蛋白石大致可分為白、黑、圓3種。比起尺寸大小，蛋白石的價值較會隨「變彩」，也就是色彩變化的情況產生波動。

蛋白石→3到5百萬台幣的

環形碼頭　MAP 別冊P10B3

Opal Fields

原創設計，種類多元

從價格實惠的物品，到設計師親手打造、世上獨一無二的作品，店內品項類型眾多。除蛋白石外，也有販售南洋珍珠等珠寶。銀項鍊A$60～。售後服務也十分完善。

DATA
市區鐵路電車CIRCULAR QUAY站步行3分　119 George St.　(02)9247-6800　10～19時（週日～18時）　無休

環形碼頭　MAP 別冊P10B4

Altman & Cherny

品質廣受好評

店內展示著黑蛋白石「Aurora Australis」（180克拉，約價值A$100萬）。價格實惠的商品也非常豐富，品質也相當實在。

DATA
市區鐵路電車CIRCULAR QUAY站步行3分　18 Pitt St.　(02)9251-9477　9時30分～18時（週六、日10～16時）　無休

其他

於當地購買採用天然素材或有機素材製成的澳洲美妝品，會比在台灣購買還要實惠。此外，購買健康取向的有機食物、Josophan's或Koko Black的高級巧克力做為伴手禮，收到的人應該會相當開心。

中心區　MAP 別冊P13D2

Koko Black

墨爾本發跡的巧克力店

此巧克力店發跡於墨爾本，位在The Strand Arcade的皮特街入口側。置於中央玻璃櫃中的手工巧克力1個A$2.30。該品牌於The Strand Arcade地下樓層同時開有咖啡廳，其中能嘗到也相當受到歡迎的熱巧克力（可可亞）A$7.00。從材料到成品採一條龍式管理，因此能夠提供高品質的巧克力。

↑隔著玻璃櫃看巧克力依舊感覺十分美味
→手工巧克力排列得整齊劃一

DATA
交 市區鐵路電車TOWN HALL站步行5分　住The Strand Arcade(→P73)內　電(02)9231-0336　時9時〜17時30分（週四〜20時、週五、六〜17時、週日11〜17時）　休無休

中心區　MAP 別冊P13C1

Josophan's Fine Chocolates

宛如藝術品的巧克力

創立於2005年，為澳洲代表性的高級巧克力品牌之一。巧克力的設計富含藝術美感，再加上講究製作素材，不添加任何防腐劑，因而博得高人氣。店裡美美地陳列著宛如珠寶盒的送禮用巧克力、熱巧克力等商品，由於內部裝潢就像高級精品店，即使只是走走逛逛也很值得一去。

→店內以白色為基調，玻璃櫃和層架上排放著眾多巧克力

↑外觀也很華麗的辣椒肉桂巧克力A$2

DATA
交 市區鐵路電車TOWN HALL站步行5分　住66 King St.　電(02)9299-3352　時10〜19時（週四、五〜20時，週六、日11〜17時）　休無休

中心區　MAP 別冊P13D2

The Nut Shop

堅果愛好者的最佳去處

能夠秤重購入榛果、夏威夷果仁、核桃等國內外的堅果和甜品。

DATA
交 市區鐵路電車TOWN HALL站步行5分　住The Strand Arcade（，→P73）內　電(02)9231-3038　時8〜18時（週四〜20時30分、週六9〜17時、週日11〜16時30分）　休無休

中心區　MAP 別冊P13D4

Priceline Pharmacy

平日營業至半夜12點

此藥妝店於澳洲全國擁有超過400間店鋪。各種維他命、澳洲產護膚用品等的種類也非常豐富。

DATA
交 市區鐵路電車TOWN HALL站步行2分　住2 Park St.　電(02)9264-4449　時7〜24時（週六、日9〜22時）　休無休

岩石區　MAP 別冊P10B2

The Fine Food Store

有機食品應有盡有

店內銷售自世界各地進口的有機食品、有機蜂蜜等，還能在附設的咖啡廳享用各種美食。

DATA
交 市區鐵路電車TOWN HALL站步行5分　住Shop 9 The Rocks Centre 12-29 Playfair St.　電(02)9252-1196　時7〜17時（週日7時30分〜）　休無休

原住民喜愛的堅果

一般大眾雖然常以為腰果是夏威夷的產物，但其實原產地是澳洲。這種堅果營養價值高，也是當地原住民的主食之一，英國人於19世紀中葉發現後，將其攜至夏威夷栽種，不久後發覺食用上的價值，因此在夏威夷首次成為商品上市。結果裹上一層巧克力的果仁，成為夏威夷極為暢銷的伴手禮。

➡Woolworths（→P37）的夏威夷果仁A$8.72

當地人光顧的超市及藥妝店是獨特伴手禮的寶庫，能以實惠的價格購得在地品牌的美妝品和食品。不妨找時間走一趟吧。

✦ **Hotel** ✦

飯店

從高級豪華到經濟實惠，
雪梨擁有各式各樣的飯店。
可考量目的、預算和位置等因素後再行選擇，
享受一段舒適的飯店時光。

Advice

●住宿設施的種類
雪梨的飯店一般是重視機能的城市商旅，習慣旅行者推薦入住小型的精品旅店或酒吧飯店；長期停留者則推薦入住附設廚房的日租套房。

●小費
基本上不須小費，不過請飯店門房搬運行李，或請託特殊事項時必須支付。

●訂房方式
幾乎所有的飯店都能在台灣預訂，可上網訂房，或委託旅行社辦理。

中心區 | **MAP** 別冊P13D3

雪梨喜來登公園飯店
Sheraton on the Park

於都會綠洲享受愜意住宿

鄰近雪梨的都會綠洲——海德公園。古典與摩登完美融合的客房、泳池、SPA完備的健身房，多樣的用餐空間都是亮眼特色。

DATA
🚇市區鐵路電車TOWN HALL站步行5分 🏠161 Elizabeth St.
📞(02)9286-6000
💰ⓈA\$219～ⓉA\$219～ 557室

中心區 | **MAP** 別冊P13D1

雪梨威斯汀酒店
The Westin Sydney

19世紀的古蹟建築為一大魅力

由19世紀興建作為G.P.O.（郵政總局）的大樓和時髦氣派的摩天樓構成。進駐內部的設施也廣受好評，例如健身房、當地很受歡迎的餐廳「Mosaic」等。

DATA
🚇市區鐵路電車MARTIN PLACE站步行3分 🏠No.1 Martin Place
📞(02)8223-1111
💰ⓈA\$225～ⓉA\$225～ 416室

中心區 | **MAP** 別冊P13D3

雪梨希爾頓酒店
Hilton Sydney

內部裝潢俐落時尚的老字號飯店

由於正對維多利亞女王大廈，因此便於購物、觀光。飯店除設有因應商務需求的商務中心外，還擁有全市最大的健身房、泳池和SPA等。

DATA
🚇市區鐵路電車TOWN HALL站步行3分 🏠488 George St.
📞(02)9266-2000
💰ⓈA\$224～ⓉA\$224～ 579室

中心區 | **MAP** 別冊P7C3

雪梨阿莫拉吉森姆酒店
Amora Hotel Jamison Sydney

細膩的服務廣受好評

獲獎無數的熱門飯店，除簡約洗練的客房以外，「Amora Spa」等紓壓設施、2間餐廳和酒吧也都值得一去。

DATA
🚇市區鐵路電車WYNYARD站步行3分 🏠11 Jamison St.
📞(02)9696-2500
💰ⓈA\$187～ⓉA\$187～ 415室

中心區 | **MAP** 別冊P13C3

肯特頌歌酒店
Mantra on Kent

出差或長期停留的搶手旅店

位在市中心的現代化旅店，較多附設廚房的公寓式房型。非常適合自炊的長期停留者。步行5分鐘就可到達維多利亞女王大廈。

DATA
🚇市區鐵路電車WYNYARD站站步行5分 🏠433 Kent St.
📞(02)9284-2300
💰無隔間套房A\$175～ 110室

中心區 | **MAP** 別冊P8A1

雪梨里吉斯世界廣場酒店
Rydges World Square Sydney

交通十分方便

由於位在市區，交通非常便利，步行即可馬上抵達中國城。附近有超商、大型超市，還有很多韓國餐館。餐廳「Sphere」也很受歡迎。

DATA
🚇市區鐵路電車TOWN HALL站步行5分 🏠389 Pitt St.
📞(02)8268-1888
💰ⓈA\$197～ⓉA\$197～ 452室

中心區　 MAP 別冊P8B1
雪梨海德公園鉑爾曼酒店
Pullman Sydney Hyde Park
商務環境亦相當完備

面朝綠意盎然的海德公園，雖然位處市中心，但顧客仍舊能在沉穩的環境中度過美好時光。設有餐廳、SPA和可遠眺市區摩天樓的屋頂泳池等設施。

DATA..........................
市區鐵路電車MUSEUM站步行3分　36 College St.　(02)9361-8400　S A$250～ T A$250～　241室

中心區　MAP 別冊P7C3
雪梨索菲特溫特沃斯飯店
Sofitel Sydney Wentworth
岩石區也在步行範圍內

位在市中心地區，位置絕佳，至商業區的馬丁廣場只需步行2分，餐廳、酒吧等設施也相當充足。弧形外觀讓人印象深刻。

DATA..........................
市區鐵路電車MARTIN PLACE站步行3分　61-101 Phillip St.　(02)9228-9188　S A$250～ T A$250～　436室

岩石區　MAP 別冊P7C2
雪梨朗廷酒店
The Langham Sydney
典雅又高品質的飯店空間

飯店鄰近雪梨天文台，特徵在於砂岩紋的外觀，和古典豪華的內部裝潢。還有提供溫水游泳池、情侶按摩等服務。細膩的服務也廣受好評。

DATA..........................
市區鐵路電車CIRCULAR QUAY站步行10分　89-113 Kent St.　(02)9256-2222　S A$350～ T A$840～　98室

岩石區　MAP 別冊P10B1
雪梨柏悅酒店
Park Hyatt Sydney
矗立於雪梨港的高級飯店

2012年2月全面翻新為一間更加豪華的飯店。景觀絕佳，能夠眺望雪梨歌劇院。餐廳「Dining Room」的摩登澳洲美饌也是一絕。

DATA..........................
市區鐵路電車CIRCULAR QUAY站步行10分　7 Hickson Rd.　(02)9256-1234　S A$900～ T A$900～（須上官網確認）　155室

岩石區　 MAP 別冊P10A4
雪梨香格里拉大飯店
Shangri-La Hotel Sydney
眼前就是一整片港灣美景

飯店以美景自豪，全客房皆能欣賞港灣景致。從頂樓餐廳眺望的湛藍海洋和潔白的歌劇院非常美麗動人。客房統一採高雅的裝潢。

DATA..........................
市區鐵路電車CIRCULAR QUAY站步行10分　176 Cumberland St.　(02)9250-6000　S A$495～ T A$495～　565室

環形碼頭　MAP 別冊P11C4
斯坦福圓碼頭酒店
Sir Stamford at Circular Quay
極為舒適的傳統旅店

能欣賞雪梨歌劇院、雪梨港灣大橋和皇家植物園等的高級飯店，美麗的大廳設計採傳統英式古典風格。

DATA..........................
市區鐵路電車CIRCULAR QUAY站步行3分　93 Macquarie St.　(02)9252-4600　S A$277～ T A$277～　105室

環形碼頭　MAP 別冊P7C2
雪梨洲際酒店
InterContinental Sydney
附設時髦的拱廊商店街

改建自曾是財政部的古蹟建築，是棟極具風情的建築物，典雅的內部裝潢為一大特徵。飯店的設備也是一流，館內中央設有咖啡廳，周圍則是環繞著拱廊商店街。

DATA..........................
市區鐵路電車CIRCULAR QUAY站步行6分　117 Macquarie St.　(02)9253-9000　S A$355～ T A$355～　509室

環形碼頭　MAP 別冊P10B4
雪梨四季酒店
Four Seasons Hotel Sydney
豪華氣派的高樓飯店

提供各國旅客完善服務的高樓飯店，客房分為港灣景觀房和市區景觀房。另有SPA和雪梨飯店業中最大的戶外溫水游泳池。

DATA..........................
市區鐵路電車CIRCULAR QUAY站步行3分　199 George St.　(02)9250-3100　S A$315～ T A$315～　531室

環形碼頭　MAP 別冊P10B4
雪梨港萬豪酒店
Sydney Harbour Marriott
Hotel at Circular Quay
亦深受商務客的喜愛

鄰近商業區，也提供充分的服務以滿足商務需求。客房簡約舒適，也備有歌劇院景觀房。

DATA..........................
市區鐵路電車CIRCULAR QUAY站步行3分　30 Pitt St.　(02)9259-7000　S A$399～ T A$449～　543室

 多數高級飯店中，除櫃檯工作人員之外，還會常駐專職的禮賓部人員。他們會協助完成房客的各式要求，例如給予觀光建議或協助購買各種票券等，有問題時不妨前去詢問。

雪梨飯店

環形碼頭　MAP 別冊P7C1

雪梨港1號碼頭飯店
Pier One Sydney Harbour

■ 能觀賞美麗夕陽的水上飯店

飯店改建自舊碼頭，大廳中央鋪設玻璃地板，能看見海面，彰顯出水上飯店獨有的景致。客房散發時髦氛圍。

DATA...................🏨 ♨
🚉市區鐵路電車CIRCULAR QUAY
站乘車5分　🏠11 Hickson Rd.,
Walsh Bay　📞(02)8298-9999
⊕⒮A\$260～⒯A\$260～　189室

達令港　MAP 別冊P6B3

達令飯店
The Darling

■ 鄰近大型娛樂設施

鄰近內有賭場及劇院等設施的The Star（→P45）。客房備有視聽設備，餐廳提供以和食為基底的創作餐點，另還設有包廂式SPA。

DATA...................🏨 ♨ ♨
🚉輕軌電車THE STAR站即到
🏠80 Pyrmont St.
📞(02)9777-9000
⒯A\$263～　171室

達令港　MAP 別冊P12B2

雪梨達令港
福朋喜來登酒店
Four Points by Sheraton, Darling Harbour, Sydney

■ 最適合做為旅途據點

位處觀光、購物皆適宜的地點。外觀以豪華遊輪為意象，客房採度假風格，館內還有多種語言標示。

DATA...................🏨 ♨
🚉市區鐵路電車TOWN HALL站步行8分　🏠161 Sussex St.
📞(02)9290-4000
⒮A\$260～⒯A\$260～　683室

達令港　MAP 別冊P8A1

羅克福德達令港
諾富特酒店
Novotel Rockford Darling Harbour

■ 外觀近未來感十足

矗立於中國庭園對面的摩登飯店。簡約的客房住起來相當舒適。餐廳及酒吧改裝自歷史超過百年的建築，也備受喜愛。

DATA...................🏨 ♨ ♨
🚉輕軌電車PADDY'S MARKETS
站步行5分　🏠17 Little Pier St.
📞(02)8217-4000　⒮A\$170～
⒯A\$170～　230室

達令港　MAP 別冊P12B4

達令港
皇家公園飯店
Parkroyal Darling Harbour-Sydney

■ 位在雪梨市中心

鄰近LG IMAX劇院、水族館、中國城，購物也十分便利，位置絕佳。內部設施也相當完善。

DATA...................🏨 ♨
🚉市區鐵路電車TOWN HALL站步行5分　🏠150 Day St.
📞(02)9261-1188　⒮A\$279～
⒯A\$279～　340室

烏魯姆魯　MAP 別冊P7D3

澳華酒店
Ovolo Woolloomooloo

■ 設計獨具個性的飯店

位在烏魯姆魯灣，改裝碼頭建築物而成的摩登旅店，客房設計別出心裁，類型豐富，備有多達36間的樓中樓房，餐廳和酒吧也很時髦。

DATA...................🏨 ♨ ♨
🚉市區鐵路電車KINGS CROSS站步行15分　🏠6 Cowper Wharf
Rd.　📞(02)9331-9000
⒮A\$234～⒯A\$234～　100室

達令赫斯特　MAP 別冊P9C1

基爾克頓精品酒店
Kirketon Hotel

■ 備受年輕人喜愛的旅館

此精品旅館位在年輕人聚集的達令赫斯特，鄰近國王十字區和牛津街，位處交通便利的地點。由於極具設計感，因而成為注目焦點。

DATA...................🏨
🚉市區鐵路電車KINGS CROSS站步行5分　🏠229 Darlinghurst
Rd.　📞(02)9332-2011　⒮A\$119
～⒯A\$119～　40室

達令赫斯特　MAP 別冊P9C1

雪梨梅杜莎精品酒店
Medusa Boutique Hotel, Sydney

■ 內部裝潢富含玩心

18間客房像是圍繞著小池子般排列，每個房間都採用活潑鮮明的配色，俯拾即是設計者的玩心。備有簡易廚房，非常方便。

DATA...................
🚉市區鐵路電車KINGS CROSS站步行5分　🏠267 Darlinghurst
Rd.　📞(02)9331-1000
⒮A\$195～⒯A\$195～　18室

莎莉丘　MAP 別冊P8A1

雪梨感應飯店
Vibe Hotel Sydney

■ 繽紛配色很時髦

位於市區南部的時尚飯店，大廳和客房的裝潢都很時髦簡約，也設有屋頂泳池、三溫暖等，紓壓設施也很齊全。

DATA...................🏨 ♨ ♨
🚉市區鐵路電車CENTRAL站步行5
分　🏠111 Goulburn St.
📞(02)8272-3300　⒮A\$199～
⒯A\$199～　191室

Uluru&Kata-Tjuta

烏魯魯＆卡塔族塔

CONTENTS

提醒小心袋鼠會衝出的路
標，能於烏魯魯一卡塔族
塔國家公園內看見

烏魯魯&卡塔族塔 *Uluru & Kata-Tjuta*

區域導覽
Area Navi

烏魯魯＆卡塔族塔聳立於
澳洲內陸中央的沙漠平原。
入住艾爾斯岩度假村，
盡情飽覽大自然的神秘景致。

歷經超過5億年光陰形成的奇巖群

區域基本 Q&A

Q 烏魯魯＆卡塔族塔意指？

A 烏魯魯是「艾爾斯岩」，卡塔族塔則是「奧格斯岩」的正式名稱，包還兩者在內的一帶稱為烏魯魯－卡塔．族塔國家公園。

Q 觀光所需天數？

A 最短2天1夜便能觀光，不過停留超過2個晚上，悠閒遊逛才是最佳選擇。烏魯魯和卡塔族塔之間的直線距離大約相隔3km。

Q 至當地的交通方式為何？

A 從台灣並無直飛艾爾斯岩（康奈蘭）機場的班機，因此必須由主要都市轉機。搭乘捷星航空自雪梨出發需3小時35分（1日1班）；自開恩茲出發需2小時45分（1日1班）；自愛莉絲泉出發需50分（1日1班）。搭乘維珍澳洲航空自雪梨出發需3小時30分（1日1班）。

Q 區域內如何移動？

A 艾爾斯岩度假村（→P90）匯集住宿、餐廳等設施，遊逛本區將以此地為起點。由於當地沒有大眾運輸工具，因此一般都是參加以度假村為起、終點的當地導覽行程。若不想集體行動，可自行租車遊覽。自艾爾斯岩（康奈蘭）機場至度假村，乘車約需10分，有免費的接駁巴士。

Q 最適合觀光的季節是？

A 推薦3～5月、9～10月前來。這些時期早晨氣溫約15℃，中午則為30℃，甚是舒暢，天氣也相當晴朗，最適合觀光遊逛。11～12月白天氣溫時常超過40℃，6～8月的早晚十分寒冷。

Q 有無時差？

A 烏魯魯＆卡塔族塔所屬的北領地與台灣的時差為1小時30分，要將台灣時間加上1小時30分。未實施夏令時間。

① *Kata-Tjuta (Mt. Olga)*
卡塔族塔（奧格斯岩） MAP 別冊P2B2

位於烏魯魯西方約30km的奇巖群，地平線一望無際的荒涼大地上，聳立著最高達546m的大小36座岩山，綿延周遭36km。

CHECK! ●風之谷步道（→P87）

Access>>>
距離艾爾斯岩度假村約50km。前往時須參加導覽行程（→P88）或自行租車。

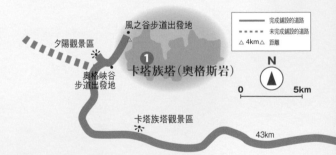

	完成鋪設的道路
- - - - -	未完成鋪設的道路
△ 4km △	距離

風之谷步道出發地
夕陽觀景區
① 卡塔族塔（奧格斯岩）
奧格峽谷步道出發地
N
0　　5km
卡塔族塔觀景區
43km

出發前 Check!

氣候 為乾燥的沙漠氣候，下雨頻率為每月2～3日左右，全年日夜溫差都極大。夏天（12～2月）和冬天（6～8月）需特別注意身體狀況。

服裝 基本穿著為行動方便的服飾和鞋子。由於陽光很強，因此防紫外線的帽子、太陽眼鏡和防曬乳皆為必需品。夜晚由於會降溫，所以不要忘記攜帶外套。

攜帶物 出門觀光時，務必要隨身攜帶飲用水，若有肩掛式水壺或飲料罐套會方便許多。能於度假村內購得瓶裝飲用水。

遊逛方式 雖能自行遊逛國家公園內的步道，但參加各種導覽行程，觀光起來能較有效率。此外，聆聽導覽人員的解說，可以更深入了解這片土地。

② *Ayers Rock Resort* MAP 別冊P2B2

艾爾斯岩度假村

艾爾斯岩度假村位在烏魯魯西方約20km處,為烏魯魯&卡塔族塔地區的觀光據點,匯集住宿設施和餐廳,各式導覽行程會以此處為起、終點。

能眺望烏魯魯的土地上,興建了一整片豪華的度假設施

CHECK! ●Longitude131°(→P91)

Access>>> 自艾爾斯岩(康奈蘭)機場車程10分。

烏魯魯─卡塔族塔 經典周遊行程

14:30 自艾爾斯岩度假村出發

● 車程1小時30分(中途下車25分)

16:00 卡塔族塔遊逛瓦帕峽谷

● 車程2小時(中途下車15分)

18:00 欣賞夕陽染紅的烏魯魯

● 車程45分

19:30 抵達艾爾斯岩度假村

艾爾斯岩(康奈蘭)機場

Lasseter Hwy.

② 艾爾斯岩度假村
H Longitude131°(P91)

5km

●國家公園入口　　　　為原住民聖地,壯闊大地的象徵

5km

5km

夕陽觀景區☀　　　艾爾斯岩登山口
4km　　●
　　　　③ 烏魯魯
　　　　　(艾爾斯岩)
文化中心●　1km

③ *Uluru (Ayers Rock)* MAP 別冊P2B2

烏魯魯 (艾爾斯岩)

幾乎位在澳洲大陸中心點的位置,高348m,周長9.4km的一大巨岩,人稱「地球之臍」。登山道為極陡坡,攀爬困難。登山時要謹記,此處為烏魯魯所有人阿南古族的聖地。

CHECK! ●靜默之聲 (→P88)

Access>>>
距離艾爾斯岩度假村約20km。前往時須參加導覽行程(→P88)或自行租車。

走趟遊逛步道，親身體驗大自然的鬼斧神工！

烏魯魯 & 卡塔族塔
完全指南

原住民自2萬多年前起，就居住在以烏魯魯為中心的一帶，這裡是他們的聖地。
這塊土地上有著壯麗的景致等著人們，漫步其中感受地球的能量吧！

烏魯魯會依天候和光線變化色彩

烏魯魯－卡塔族塔
國家公園
Uluru-Kata Tjuta National Park

MAP 別冊P2B2

能感受到大自然的奧妙，魅力十足的世界遺產

烏魯魯－卡塔族塔國家公園包含了幾乎位在澳洲大陸中心點的烏魯魯（艾爾斯岩），和距離烏魯魯約30km的卡塔族塔（奧格斯岩）一帶，於1987年登錄為世界遺產。在大自然的鬼斧神工之下，形成壯麗的岩山，官方在其周邊修築了各式步道。

📞(08)8956-1100（公園管理局）　無休　A$25　※入園門票有效期限為3天。有時導覽行程的費用也會內含門票

1.下雨後岩石表面形成瀑布　2.近距離觀賞特殊地貌

烏魯魯登頂注意事項

當原住民舉辦儀式或天候不佳時，登山口會封閉，每年可登山的天數約為100～150日。有鑑於原住民不喜歡觀光客攀登烏魯魯，以及過去有人在風勢強勁、氣溫高低差過大的環境中失去性命，登爬前還是再三思考為佳。

豎立於登山口附近的告示牌。登山來回需時1小時30分～2小時

Column

烏魯魯是世上最大的單一岩石塊，通稱「艾爾斯岩」；由36顆大岩石組成的卡塔族塔通稱「奧格斯岩」，意思為「多顆頭顱」。這些岩石為據說形成於4～6億年前地殼變動導致的地層隆起，接著在風雨的侵蝕下逐漸變形，約在400萬年前變成現在的模樣。在歐洲人前來此大陸墾荒之前，原住民就已在此生活了好幾萬年，也已構築起了獨特的傳統與文化。他們相信眾神棲宿於岩山之中，自古以來就崇敬烏魯魯－卡塔族塔為聖地。當局為尊重原住民的風俗，因此從通稱的英文名稱改為原住民語的稱呼，國家公園也成為原住民阿南古族的土地。

漫步烏魯魯！

烏魯魯高348m，周長9.4km，為全球最大的單一巨岩。走趟周邊的步道，例如能繞行岩山山腳一周的環形步道等，實際體驗岩山的巨大與雄偉的大自然。

Ⓑ 馬拉步道 Mala Walk

往返2km，需1小時。選擇登山口停車場至坎居峽谷的平坦路徑前往，可於途中欣賞到原住民繪在洞窟裡的壁畫和絕壁。園方也有舉辦免費的導覽行程，每日8時自停車場出發。

Ⓒ 環形步道 Base Walk

一周10.6km，需3時30分。可看見多種動植物，體驗烏魯魯的大自然。推薦趁涼爽的早晨從馬拉停車場出發。

馬拉步道 Ⓑ

Ⓒ 環形步道

登山口

祭祀洞穴 Tjujatjapi
祭祀洞穴 Warayuki
坎居峽谷
祭祀洞穴 Mala Puta

馬拉停車場
飲用水

緊急連絡用無線

原住民聖地禁止攝影

緊急聯絡無線電

Taputji

禁止進入

卡尼亞洞穴 Kuniya Piti

穆迪丘魯水洞 Mutijulu Waterhole

飲用水 緊急聯絡無線電

Ⓐ 利魯步道

Ⓔ 隆卡塔步道

卡尼亞停車場 緊急聯絡無線電

國家公園管理辦公室

Ⓓ 卡尼亞步道

P 文化中心
飲用水

N
0   400m

Ⓓ 卡尼亞步道 Kuniya Walk

往返1km，需30～40分。從卡尼亞步道前往烏魯魯最大的流水處──穆迪丘魯瀑布。步道十分平坦，因此一般人也能輕鬆遊逛。

文化中心內展示著原住民阿南克族的歷史、文化、生活等相關資料文物。館方也有舉辦製作原住民藝術品的活動和導覽行程等。

📍Uluru Rd. 📞(08) 8956-1128 🕐7～18時 ⬛無休 💰免費

Ⓐ 利魯步道 Liru Walk

往返4km，需1小時，路徑連結文化中心至烏魯魯山麓。步道沿路植被茂盛，下雨後會綻放出五顏六色的花朵。

穆迪丘魯流水處附近的心形凹洞

Ⓔ 隆卡塔步道 Lungkata Walk

往返4km，需1小時。這條步道的起點位於卡尼亞步道途中。夏季時分，此處是能夠欣賞夕陽沉入岩山的絕佳地點。

遊逛卡塔族塔！

卡塔族塔是由36塊大小岩石組成的奇巖群，總面積為35km²，其中最高的岩石達546m。景觀雖會依欣賞地點不同而改變，但是從卡塔族塔觀景區可將所有岩石盡收眼底。

風之谷步道 Ⓕ

日落會場

飲用水

飲用水 緊急聯絡無線電

卡爾(第1)觀景台

飲用水
緊急聯絡無線電

溫度預報達36℃時，步道會從這裡開始封鎖

N
0   1km

卡爾迦納(第2)觀景台

飲用水 緊急聯絡無線電

往文化中心及度假村方向

15km

P 卡塔族塔觀景區

Ⓖ 瓦帕峽谷步道

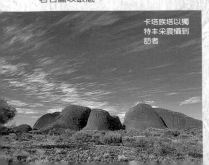

卡塔族塔以獨特丰采震懾到訪者

Ⓕ 風之谷步道 The Valley of the Winds Walk

往返7.4km，需3小時30分。首先行經人稱「酥油岩」的岩山山麓，前往第1觀景台（卡爾觀景台）。若還有充足體力，可繼續前往第2觀景台（卡俞迦納觀景台）

Ⓖ 瓦帕峽谷步道 Walpa Gorge Walk

往返2.6km，需1小時。步道沿著自然侵蝕而成的小河延伸，能夠享受一段富含變化的遊逛行程。

靜默之聲的晚宴會場是觀賞烏魯魯的頭等席

編輯部針對推薦的當地導覽行程自行排名！

烏魯魯出發的熱門行程Best5

若是首次到訪烏魯魯——卡塔族塔國家公園，推薦參加內含必看景點的行程。
以下行程都能有效率地享受烏魯魯＆卡塔族塔的絕美風情。

能夠欣賞到這樣的美景

1.烏魯魯聳立在火紅大地之上，顯得如夢似幻　2.晚餐前就以香檳和開胃小菜乾杯

烏魯魯與卡塔族塔
觀夕之旅
Kata Tjuta & Uluru Sunset Tour **Best2**

被夕照染紅的烏魯魯，令人嘆為觀止

首先到訪卡塔族塔，在英語導覽人員的帶領下，遊逛瓦帕峽谷30分～1小時左右。日落前再移動至烏魯魯的觀景地點，欣賞烏魯魯伴隨夕陽西下而時時刻刻產生變化的壯麗景致。

出發：日落前3小時30分
需時：4小時　國英語導覽
A\$179（2～15歲A\$90）主
辦：AAT Kings
最低成行人數：2人

熱門的原因！
能同時暢遊卡塔族塔和烏魯魯。必看烏魯魯伴隨日落而時時刻刻產生變化的美景。

靜默之聲
Sounds of Silence **Best1**

星空下的夢幻晚宴

艾爾斯岩度假村中最受歡迎的晚餐饗宴，能坐在沙漠正中央，一邊眺望夕照染紅的烏魯魯，一邊品嚐香檳和自助餐式晚餐。

出發：日落前1小時
需時：4小時
國A\$185（10～12歲A\$92.50）　主辦：
Ayers Rock Resort
最低成行人數：2人

熱門的原因！
能在大自然中度過晚餐時刻，堪稱奢侈的美好光陰，就於晚霞與星空之下，沉浸浪漫氛圍。

越靠近壯麗的卡塔族塔，內心就越澎湃不已

烏魯魯&卡塔族塔
直升機飛航遊覽
Ayers Rock & Olgas Scenic Flights

Best 3

由上空俯瞰「地球之臍」

搭乘直升機飛離遼闊大地，來到610m的空中進行飛航遊覽。15分鐘的航程可遨遊烏魯魯；超過30分鐘的航程則可同時飽覽烏魯魯和卡塔族塔。

出發：日出～日落前隨時皆可　需時：約1小時　$\square$15分烏魯魯航程A\$150，30分烏魯魯&卡塔族塔航程A\$285（未滿3歲免費）
主辦：Ayers Rock Helicopters
最低成行人數：2人

熱門的原因！
從上空烏瞰單一巨岩和巨岩群，別具一番風味。更換觀賞角度，就擁有不同於地面時的感動。

能依顧客期待調整飛行時間也是一大魅力

熱門的原因！
能夠擁有騎乘駱駝繞行沙丘的珍貴體驗，沉浸在滿滿的異國風情。可以從3m以上的高度遠望沙漠。

騎乘駱駝
賞日出
Camel to Sunrise

Best 4

坐在駱駝背上，
搖搖晃晃賞日出

於早晨涼爽期間，騎乘駱駝遊逛烏魯魯周邊的沙漠原野，基本上是2人共乘1頭駱駝。可順道去趟博物館，了解駱駝的歷史，也可喝杯傳統紅茶「比利茶」小歇片刻。

出發：日出前1小時　需時：約2小時30分　$\square$A\$129（參加條件為滿5歲，未滿16歲者需有大人同行）
主辦：Uluru Camel Tours
最低成行人數：2人

基本上是2人共乘1頭駱駝

烏魯魯賞日出、
攀登及環遊山麓之旅
Uluru Sunrise Climb or Base Walk

Best 5

盡情飽覽永生難忘的神祕瞬間

前往觀景地點欣賞由地平線升起的朝陽，和緩緩現身的烏魯魯日出，接著挑戰攀登烏魯魯，往返需2～3小時。不參加登山者，則是走山麓的步道。

出發：日出前1小時30分
需時：約6小時　$\square$英語導覽A\$195（2～15歲A\$98）
主辦：AAT Kings
最低成行人數：2人

熱門的原因！
伴隨日出浮現的烏魯魯散發神秘氣息。此景應該會令人永生難忘。攀登烏魯魯也是難能可貴的體驗。

在導遊的導覽下漫步烏魯魯山麓

更多的推薦行程看這裡！

搭乘四輪驅動車遊覽沙漠之旅
搭乘四輪驅動車奔馳於沙漠大地，或許能遇見棲息於此的袋鼠或爬蟲類。
出發：14:00左右　需時：約7～8小時　$\square$A\$240（3～15歲A\$178　※國家公園門票A\$25另計）　主辦：Ayers Rock Resort

乘駱駝前往的觀夕之旅
乘坐駱駝遊逛烏魯魯周邊的沙漠。夕陽染紅的景色，與可愛的駱駝表情，非常療癒人心。
出發：日落前1小時30分　需時：約2小時30分　$\square$A\$129　主辦：Uluru Camel Tours

南半球星空燒烤晚宴與繁星導覽
於沙漠特別設置的地點，一邊享受美味烤肉，一邊觀賞南半球的星空，更有專人解說星座。
出發：日落後30分　需時：約2小時30分　$\square$A\$145～（2～15歲A\$93～）　主辦：AAT Kings　※和AAT Kings的烏魯魯與卡塔族塔觀夕之旅同日出團

國王峽谷一日遊
前往岩石堆積而成的國王峽谷，主要行程是遊逛利姆步道和庫利庫步道。
出發：4～5時　需時：約12小時　$\square$A\$219（2～15歲A\$110）　主辦：Ayers Rock Resort

---

導覽行程
\\ 來這裡報名 //

導覽行程&
旅客服務中心
Tour & Information Centre

MAP P90A2

於此可報名以艾爾斯岩度假村為起、終點的各種行程，位在購物中心內，十分便利。

$\square$(08)8957-7324　$\square$8～19時　$\square$無休
$\square$www.ayersrockresort.com.au/experiences/　<可網上預訂>

以上資訊可能有所變動。行前請務必確認歲末年初、聖誕節等不出團的日期，和其他與行程相關的資訊。所有行程皆需預訂。

烏魯魯＆卡塔族塔的觀光據點

於艾爾斯岩度假村度過舒適時光

艾爾斯岩度假村位在距離烏魯魯約20km的地方，內部匯集飯店、餐廳，
入住這處沙漠的休閒聚落，出門暢遊烏魯魯＆卡塔族塔

度假村中匯集各式獨具個性的住宿設施

艾爾斯岩度假村　MAP P85
Ayers Rock Resort

坐落在沙漠正中央的度假設施

此區唯一的大型度假地，聚集了住宿、餐飲設施。從高
級飯店到露營地，設有各類型的住宿設施。除此之外，
還有餐廳、購物中心、郵局、美容院等。前往烏魯魯＆
卡塔族塔的行程都以此處為起、終點。

🚗艾爾斯岩（康奈蘭）機場車程10分　📍Yulara Dr.　📞(1300)
134-044或(02)8296-8010　🗓無休

有用資訊

▶ 想要多了解澳洲中央內陸！
維吉利藝廊＆博物館 Wintjiri Arts&Museum　MAP P90A2

形同澳洲中央內陸的資料館，於此能夠了解周邊的地理及歷史。
館內展示動植物、烏魯魯和卡塔族塔形成的歷史、原住民藝術品
等。

📞(08)8957-7377　🕐8時30分～17時30分　🗓無休

▶ 想詢問導覽行程就來這裡
導覽行程＆旅客服務中心 TOURS & INFORMATION CENTRE　MAP P90A1

會有友善的導覽人員解答關於導覽行程的疑問，問清楚後比較好
下決定，也可直接向他們報名行程。也有提供租車服務。
📞(08)8957-7324　🕐8～19時　🗓無休

▶ 想在度假村中移動
免費接駁巴士 Free Shuttle Bus

各飯店和主要設施地點之間有接駁巴士繞行，班次間距為20分
鐘。可自由上下車。
🕐10時30分～18時30分、18時30分～翌0時30分　🗓無休

預訂住宿就來這裡！

Voyages Indigenous Tourism Australia

艾爾斯岩度假村內所有的住宿設施皆由Voyages經營管
理。欲前往住宿時，務必事先訂房。預訂露營場者請撥～
(08)8957-7001
📞(02)8296-8010（雪梨）
🌐www.voyages.com.au

MAP P85

住宿

Longitude131°

最高檔的
帳篷式小屋型飯店

此飯店位在距離艾爾斯岩度假村一小段路
的地方,僅有住宿房客能夠前往,是個完
全私人的空間。從這15棟排列在沙漠中
的客房,可以飽覽烏魯魯的日出及夕照。
於中央館「Dune House」內,設有餐廳
和商店等,規劃十分完備。

💰帳篷A$4400(至少要住2晚以上才能入住。
此費用為2人入住雙床房2晚的住宿費,內含餐
食、飲料、專屬導覽行程的費用、機場接機及
送機、國家公園的門票) 15室

寶點在這裡
●皆是能看見烏魯魯的景觀房
●住宿費包含餐食及飲料費
●可參加專屬導覽行程

1.客房天花板為帳篷狀,十分獨特 2.匯
集各式設施的「Dune House」 3.小屋
並排於可看見烏魯魯的沙漠中 4.「Dune
House」的餐廳 5.形似豪華帳篷的獨特
小屋

MAP P90A1

Sails in the
Desert Hotel

住宿

度假村內首屈一指的豪華設備全都在此

此高級飯店屋頂上張起的白帆(Sail),
令人印象深刻。環繞泳池配置的客房共有
3種類型,分別為經典房、露台房和豪華
大套房。還設有主打海鮮自助餐的餐廳
「Ilukari」,及度假村內最大的泳池等,
設施極為完備。

💰①A$440～ 228室

1.客房設計追求舒適感,空間寬敞
2.「Ilukari」中可嚐到海鮮美食及沙
拉 3.豪華大套房的浴室 4.展示原
住民藝術品的藝廊 5.在泳池畔的折
疊躺椅上放鬆

寶點在這裡
●坐落在度假村的中央,位置絕佳
●餐廳、SPA、藝廊等設備充足
●偌大的游池帶給遊客滿滿的度假氛圍

Desert Gardens Hotel

MAP P90A2

住宿

在沙漠植物的圍繞中放鬆紓壓

飯店以澳洲的大自然為設計主軸，客房共有3種，其中豪華房能飽覽烏魯魯風光，極受歡迎。可在綠意盎然的庭園或泳池等，充滿度假氛圍的空間裡度上一段悠閒時光。
💰⒮A$340～　218室

1.十分開闊的中庭泳池
2.從豪華廣景房的窗戶可望見烏魯魯

帶點在這裡！
- 氛圍高級卻不做作
- 也有能飽覽烏魯魯的客房

Outback Pioneer Hotel & Lodge

MAP P90B2

住宿

依照預算選擇客房

備有一般飯店類型的客房和男女分開的多人房。多人房雖要共用衛浴設備，但實惠的費用極具魅力。另設有酒吧、泳池和烤肉等設施，可舒適入住。

💰⒮Ⓣ A$240～、多人房
A$38～　167室

帶點在這裡！
- 入住多人房，便可節省住宿費
- 餐廳可自行烤肉，相當受歡迎

1.一般飯店類型的客房內備有衛浴設備
2.悠閒氣氛讓人身心舒暢

Emu Walk Apartments

MAP P90A2

住宿

給人回家的感覺，舒適的入住體驗

為公寓式飯店，全客房皆有廚房和客廳，也有最多能住6人的房型，適合家庭或團體客。房客可使用度假村內所有泳池。

💰單床房A$340～、雙床房A$440～　60室

帶點在這裡！
- 全客房皆設廚房，可自炊
- 共用Desert Gardens的設施

1.可在獨立寢室內度過悠閒時光　2.十分方便的客廳和餐廳

還有還有！度假村內的餐廳&商店

Ilukari Restaurant

MAP P90A1

美食

品嘗美味的海鮮自助餐

早餐以歐風自助餐，晚餐是魚貝類為主的烤盤餐點和沙拉等豐富菜色。

🏠ⒽSails in the Desert Hotel(→P91)內
🕐6時30分～10時30分、18時30分～22時30分(視季節而異)　休無休
💰早A$36～、晚A$68～

White Gums Restaurant

MAP P90A2

美食

花園景觀餐廳

早餐以自助餐形式提供三明治等冷、熱餐食，也備有兒童餐。一邊欣賞庭院，一邊享用清爽的早點。

🏠ⒽDesert Gardens內　🕐6時30分～10時30分(視季節而異)　休無休
💰A$36～

Bough House

MAP P90B2

美食

大啖澳洲菜

菜色以傳統澳洲菜為主。晚餐時只要點份主菜，就會附贈自助式甜點吧。

🏠ⒽOutback Pioneer內　🕐6時30分～10時、18時30分～21時30分　休無休　💰A$38～

Walpa Lobby Bar

MAP P90A1

夜晚

來杯原創雞尾酒

天花板挑高的酒吧，感覺非常寬闊，除可品嘗原創雞尾酒外，也備有甜點、軟性飲料、地中海風義大利麵等輕食。

🏠ⒽSails in the Desert Hotel(→P91)內　🕐11～22時(視季節而異)　休無休　💰A$20～

Red Ochre Spa

MAP P90A1

SPA

絕佳紓壓體驗

過程中使用天然SPA用品。以身體按摩30分A$90～、熱石按摩A$165～等，恢復疲憊的身軀。

🏠ⒽSails in the Desert Hotel(→P91)內　📞(08)8957-7036　🕐9時30分～18時　休無休　💰美顏按摩A$155～、身體按摩60分A$130～

Shopping Centre

MAP P90A2

購物

找伴手禮就來這裡！

同時附設超級市場、郵局、咖啡廳等設施，還有原創設計的T恤專賣店和原住民藝品店等。

🕐8～21時(視店而異)　休無休(郵局週日休，銀行週六、日休)

Column 澳洲的先民

認識澳洲原住民！

原住民自太古時期便活躍在澳洲這塊土地，並且生活至今。
現在就來認識他們代代相傳的精神與傳統文化！

何謂澳洲原住民？

澳洲原住民是指共有700個部族、超過200種語言的澳洲原住民族，各個部族與大自然和諧地生活著，卻又各自過著迥異的生活。澳洲原住民的文化自從5萬多年前就在這塊土地上生生不息，據說是世上最古老的文化之一。遼闊的澳洲大陸中，於烏魯魯－卡塔族塔所在的北領地，能夠接觸到原住民世代傳承的文化。理解他們的精神世界，讓旅程更加充實。

1.在烏魯魯——卡塔族塔國家公園的文化中心，認識澳洲原住民的文化
2.傳統工藝品　3.獨特的臉部彩繪

▼▲▼▲▼ **澳洲原住民代表性的傳統文化** ▲▼▲▼▲

神話 Dreamtime

講述澳洲原住民的精神時，不可或缺的就是「祖克巴（Tjukurpa）」這段創世神話。他們代代相傳這則神話，並認為烏魯魯是他們祖先所打造的物體。

知曉神話後再眺望烏魯魯，也是種珍貴的體驗

舞蹈 Dance

澳洲原住民的信仰中心是精靈。舞蹈是為了與精靈交談的儀式之一，他們會吹奏尤加利木製成的笛型民族樂器「迪吉里杜管」，配合音律起舞。

不同部族的舞蹈種類也不同，有的甚至會以火伴舞

藝術 Aboriginal Art

澳洲原住民長久以來都在大自然中過著狩獵生活，為傳達資訊乃繪製的圖形乃藝術的起點。特徵在於以點畫繪成的幾何圖樣，目前還遺留有多處洞窟壁畫和岩石壁畫。

為傳承知識而在岩石表面留下的岩石藝術

食物 Bush Tucker

原住民的傳統食材是一些人稱「叢林食物」的澳洲原產動植物。袋鼠、鴯鶓和夏威夷果仁也算是其中之一。在雪梨的餐廳等地也能品嘗到。

人稱「叢林食物」的天然食材

可接觸原住民傳統文化的地方

烏魯魯——卡塔 **MAP** 別冊P2B2
族塔國家公園
Uluṟu-Kata Tjuṯa National Park
▶P86

跟隨生活於此的阿南古族嚮導，一邊漫步在原住民聖地烏魯魯，一邊聽他們說古代的神話。

烏魯魯是原住民自古崇敬至今的聖地

MAP 別冊P2B2

愛莉絲泉 Alice Springs

位在人稱紅土中心的內陸地區，阿蘭恩特族已長居此地2萬餘年。開有許多原住民藝品的藝廊。

MAP 別冊P2B2

國王峽谷 Kings Canyon

位於瓦塔爾卡國家公園，為原住民聖地之一。巨大的紅色岩石聳立在茂密的棕櫚林上，由此能夠實際感受到大自然的奧妙。

旅遊 🧳 資訊

澳洲出入境的流程

確定去旅行後，應立刻確認重要的出入境資訊！做好萬全的準備後前往機場。

入境澳大利亞

❶ 抵達 Arrival

下機後，依照規畫路徑前往入境審查處。請備妥已填寫完必要事項的入境卡及護照。

❷ 入境審查 Immigration

於入境審查櫃台出示護照及入境卡。持電子觀光簽證（ETA）者，由於可由簽證確認護照號碼，因此無須特別出示。審查人員有時會詢問入境目的等簡單的問題。完成審查後，雖會歸還護照和入境卡，但之後還須再向海關人員出示入境卡。

❸ 提領行李 Baggage Claim

走過入境審查櫃台，會看見行李轉盤，確認自己搭乘的航班後，前往提領行李。碰到行李遺失等問題時，請將claim tag（行李存根）交給失物協尋處，尋求協助。行李存根通常貼在登機證背面。

❹ 海關檢查 Customs Declaration

將入境卡與護照提交予海關的審查人員。須不須申報，請遵照審查人員的指示進行，在某些狀況下接受行李檢查或X光查驗。

❺ 入境大廳 Arrival Lobby

各旅行社的旅行團導遊會在入境大廳等待，聽從他們的指示行動即可。若是個人旅行，可搭乘計程車或接駁巴士前往飯店。若有預約機場接送，飯店人員應該已在大廳等待。

🎵 決定去澳洲後就必須做好準備

●辦妥ETA(Electric Travel Authority)

ETA就是電子簽證，適用於未滿3個月的短期觀光和商務洽公等。系統流程為旅客在出發前必須向澳大利亞移民局登錄護照資訊。若欲自行辦理時，請上🌐www.eta.immi.gov.au/ETAS3/etas。必須支付簽證手續費A\$20，支付方式為線上刷卡。可委託代辦業者，或已預訂機票、行程的旅行社辦理。

●確認外交部的旅外安全資訊網

能確認旅遊目的地的治安狀況及警示資訊。
🌐http://www.boca.gov.tw/np.asp?ctNode=683

●完成外交部的出國登錄

填寫旅行日期、目的地、聯絡方式後，就能收到目的地的最新海外安全資訊、發生緊急事態時能收到聯絡訊息、緊急時刻會收到緊急連絡。
🌐http://www.boca.gov.tw/np.asp?ctNode=847&mp=1

入境澳大利亞時的限制

●禁止攜入和受到規範的物品
- 所有食品或植物、動物、動植物製成的物品
  （→P95參閱澳洲檢疫相關事項）
- 槍械、武器、醫藥品、類固醇、不法藥物
- 不法猥藝物品、仿造的名牌等

●主要免稅範圍
○菸草…捲菸50支，或菸草製品50g
○酒類…酒類飲料2.25ℓ
※須滿18歲才可攜帶菸草及酒類
○物品···總額A\$900（未滿18歲為A\$450）
○現金或旅行支票…無限制，但本國貨幣與外幣的價值總和超過A\$1萬時必須申報

出國時的注意事項

澳大利亞的入境條件

> 出發前10天～1個月好好確認

●護照剩餘的有限期間

使用ETA入境者，護照有效期限必須涵蓋歸國日期。若是以ETA之外的簽證入境者，請確認澳洲駐台辦事處網頁（→P105）。

●簽證

入境澳洲時必備入境日期有效之ETA（上述）或簽證。

> 確認自宅～機場路線

●機場的出境航廈

臺灣桃園國際機場中，飛行直達雪梨航線的中華航空（CI），和直飛布里斯本的長榮航空（BR），都由第一航廈出境。

●攜帶液體物品登機的限制

若上機的手提行李攜帶超過100ml的液體物品時，就會在台灣出境時檢查行李的關卡遭到沒收，一定要注意。若低於100ml，則可裝在1L以下的塑膠夾鏈袋內便可攜帶上機。詳細內容請參照民航局網站
🌐http://www.caa. gov. tw/big5 /index.asp

小小資訊 護照申請相關事項請參閱外交部領事事務局網站🌐http://www.boca.gov.tw/np.asp?ctNode=673&mp=1

出境澳大利亞

❶ 報到 Check-in

參加旅行團時，各旅行社會至飯店迎接，再搭乘遊覽巴士前往機場。個人前往旅遊時，必須自行租車或搭乘計程車、接駁巴士等前往機場，最晚也要在2個小時前抵達機場。抵達後前往所屬航空公司的報到櫃台，出示護照領取登機證。若有行李要託運，請於此時辦理，並拿取claim tag（行李存根）。完成報到手續後前往2樓的出境大廳。

❷ 出境審查 Immigration

於出境大廳中的出境審查櫃台出示護照、出境卡及登機證，並讓審查人員在護照蓋上出境許可章。

❸ 手提行李檢查 Security Check

接受安全檢查和X光查驗手提行李。必須將100ml以下的水、液態、膠狀、噴霧類物品，裝至20x20cm以下的透明塑膠袋中，經X光查驗。超量的物品會被當場沒收。

❹ 出境大廳 Departure Lobby

最好於登機前30分抵達登機門。退稅（→P97）請於出境大廳內的TRS退稅櫃台辦理。

●勿將免稅品置入行李箱！
於市內免稅店購買的商品，直到歸國時在機場完成免稅手續之前，不得拆封。若於完成手續前開封，有時會被認定為非免稅品。此外，因放入行李箱而無法辦理免稅時，回國後可能會遭處罰金。免稅品就當手提行李帶上飛機。

♪ 澳洲檢疫相關事項

澳大利亞為保護棲息於國內的原生動植物及維護環境，因此對包含郵寄的攜入物品，設有嚴格的限制。機內會發放入境卡，若攜帶食品、植物、動物、動植物製成的物品入境時，務必確實填寫入境卡相關欄位，並確實申報。絕大多數的物品在受檢後會歸還。即使已申報的物品無法攜帶入境，只須遵照指示丟棄，就不會遭處刑罰。若未確實或遺漏申報，當局會課以罰金或罰則。如果自己無法判斷是否需要申報，可先申報再請相關人員確認即可。須申報的項目由於可能變動，因此出國前請先至外交部澳洲簽證及入境須知網頁查詢確認。

澳大利亞防檢局
🌐www.boca.gov.tw/content.asp?Cultem=66&BaseDSD=13&CtUnit=18&mp=1

外交部澳洲簽證及入境須知
🌐www.boca.gov.tw/content.asp?Cultem=66&BaseDSD=13&CtUnit=18&mp=1

●須申報物之實例
（→P96　參閱入境卡⑧的項目）

往返澳洲的主要航空公司

航空公司	聯絡方式
中華航空	📞(02)412-9000(台北) 📞+61 2-8339-9188(雪梨) 🌐www.china-airlines.com/tw/zh
長榮航空	📞(02)2501-1999（台北） 📞+61-7-31141120(布里斯本) 🌐www.evaair.com/zh-tw/index.html
澳洲航空	📞(02) 2509 2000（台北） 🌐www.qantas.com/travel/airlines/home/tw/zh_TW

回國時的限制

主要的免稅範圍

- **●酒類**…1公升（年滿20歲）
- **●菸類**…捲菸200支或菸絲1磅或雪茄25支（年滿20歲）
- **●其他**…攜帶貨樣的完稅價格在低於新台幣12,000元
- **●貨幣**…新台幣10萬元以內；外幣等值於1萬美元以下；人民幣2萬元以下。超過需向海關申報

主要的禁止進口與限制進口物品

- ●毒品危害防制條例所列毒品
- ●槍砲彈藥刀械管制條例所列槍砲、彈藥及刀械
- ●野生動物之活體及保育類野生動植物及其產製品
- ●侵害專利權、商標權及著作權之物品
- ●偽造或變造之貨幣、有價證券及印製偽幣印模
- ●所有非醫師處方或非醫療性之管制物品及藥物
- ●其他法律規定不得進口或禁止輸入之物品

如須申報，請填寫「海關申報單」，並經「應申報櫃」（即紅線櫃）通關

入境澳洲時必須填寫的文件

飛機上會發放入境卡（旅行團則多是旅行社會幫忙準備），
務必確實填寫必要欄位，特別是要謹慎填寫攜帶物品。

入境卡

入境卡填寫範例

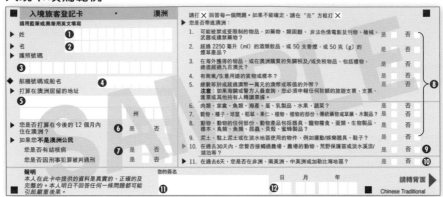

❶…姓（英文）

❷…名（英文）

❸…護照號碼

❹…搭乘航班

❺…於澳洲之停留地點
（飯店名稱或停留處的地址，若有複數地點時，填寫滯留最久的地方。雪梨的州名為NWS，烏魯魯（艾爾斯岩）的則為NT）

❻…針對問題「是否打算在今後的12個月內住在澳洲」回答「是」或「否」

❼…若非澳大利亞國民者，必須針對問題「您是否有肺結核」、「您是否因刑事犯罪被判過刑」回答「是」或「否」

❽…為9項有關海關及檢疫的問題。若持有請於「是」的欄位打X

❾…過去30日內是否有訪過澳大利亞以外國家的農業地區

❿…過去6日內是否到訪過非洲或南美洲

⓫…簽名（簽名須與護照相同）

⓬…日期（西元）

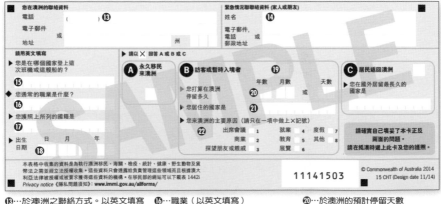

⓭…於澳洲之聯絡方式。以英文填寫飯店的電話號碼及名稱

⓮…緊急連絡方式。填寫台灣家人等的聯絡方式

⓯…出發地（以英文填寫）

⓰…職業（以英文填寫）

⓱…國籍（以英文填寫）

⓲…出生年月日（西元）

⓳…旅客於B欄位打X

⓴…於澳洲的預計停留天數

㉑…居住國（台灣請填TAIWAN）

㉒…到訪澳洲的主要目的（請擇一打X）

出境卡

出境卡（Outgoing passenger card）填寫範例

❶…姓（英文）
❷…名（英文）
❸…出生年月日（依日、月、西元年的順序）
❹…護照號碼
❺…居住國（台灣請填TAIWAN）
❻…搭乘航班
❼…航班降落地
❽…職業（以英文填寫）
❾…旅客於D欄位打X
❿…於澳洲之主要停留地點。雪梨在NWS，烏魯魯（艾爾斯岩）的則在NT打X
⓫…攜出A$或其他貨幣（換算成A$）達1萬A$以上時，請於「YES」打X。回答YES者須另行辦理相關手續
⓬…簽名（簽名須與護照相同）
⓭…日期

●填寫建議
●國籍填寫Taiwan或R.O.C. 勿寫成Taiwanese
●日期或出生年月日，請依日、月、年（西元）的順序
●職業填寫範例…
 ・上班族 office clerk
 ・公務員 public official
 ・銀行員 bank teller
 ・銷售員 salesperson
 ・教師 teacher
 ・美容師 hair dresser
 ・醫生 doctor
 ・護士 nurse
 ・農民 farmer
 ・學生 student
 ・家管 housewife
 ・無業 none

♪ 旅客退稅制度（TRS）相關事項

於澳洲消費的所有物品、服務時，都會附帶10%的消費稅（GST）和葡萄酒平衡稅（WET），但是來自海外的遊客只要符合以下所有條件，便能辦理退稅。免稅品不適用。

●退稅程序

① 於持有ABN（Australian Business Number：企業納稅登錄編號）店家內購得之物品。
② 於同一店家消費的含稅總金額達A$300以上。
③ 請消費店家開立TAX INVOICE（發票）。
④ 出國前未使用購買物品，並且一定要帶到國外。
⑤ 為出國前60日以內購得之物品。
⑥ 出國時可做為手提行李之物品。（根據國際線航班攜帶液體登機的規定，無法做為手提行李之物品，視為托運用行李）

※辦理退稅手續時，請備妥TAX INVOICE、購得之商品、護照及登機證，缺一不可。退稅方式可選擇現金、匯入信用卡（美國運通、大來、JCB、Master、VISA）帳戶、支票、匯入澳大利亞國內銀行帳戶。完成出境手續後，於出境大廳的櫃台辦理退稅，並於登機前30分鐘完成辦理為佳（→P99）
URL www.customs.gov.au

機場至雪梨市中心的交通

機場至雪梨市中心的移動手段共有4種
只要15～60分鐘便能抵達市中心

許多來自海外的航班都是早晨抵達

雪梨（金斯福特・史密斯）國際機場
Sydney（Kingsford Smith）International Airport

MAP 別冊 P3D1

新南威爾斯州的門戶，位在雪梨市中心南方約10km的地方。航廈分為國際線航廈（T1）和國內航廈（澳洲航空以外的航空公司在T2，澳洲航空在T3），可搭乘接駁巴士（須10分）於航廈之間移動。

機場內主要設施

●旅客服務中心
位在1樓入境大廳，派有服務人員常駐。從下機門至入境審查的通道途中，設置了數處中文導覽地圖。

●餐飲店
2樓設有出境審查前可前往的美食區，內含咖啡廳、速食店及日本料理等。登機門附近也有販售輕食的店家。

●商店
出境樓層中設有免稅店、原住民藝品店、充滿澳洲風情的沙灘時尚專賣店和禮品店等。禮品店內陳列著葡萄酒、巧克力、健康食品和天然美妝品等琳瑯滿目的商品，若有忘記購買的物品時，可於此處添購。登機門附近也有各種商店。

●吸菸區
航廈內全面禁菸。出境樓層和入境樓層的吸菸區，皆設置在建築物外側的通道。位在出境樓層的Terrace & Brasserie的露天座位可吸菸。

●匯兌處
機場內可直接用台幣兌換A$。比起面額A$100的紙鈔，A$50的紙鈔較為好用。於市區購物使用百元鈔時，偶爾店家會因「沒零錢可找」而選擇不做這筆生意。

●行李暫時寄放處
位在1樓入境大廳。欲短時間寄放行李箱等大型行李時相當方便。
🕐5時30分～21時 💰最多4小時：包包類A$8、行李箱A$10；4～8小時：包包類A$10、行李箱A$12；8～24小時：包包類A$12、行李箱A$15

●租車服務處
1樓入境大廳裡各租賃公司（AVIS、Hertz、Budget、Thrifty、Europcar）的櫃檯排列在1樓入境大廳裡。若能事先在台灣預定，除了確保希望承租的車種，有時費用還會比現地租賃要便宜。於當地櫃台辦理租賃也十分快速。

交通速查表
※所需時間皆為預估值。參加旅行團時，通常會有遊覽巴士接送。
抵達後請聽從各旅行社當地員工的指示。

交通方式		特徵	費用（單程）
	市區鐵路電車（機場快線）	市區鐵路電車連結機場與雪梨市區，（→別冊P15）可於包含機場站的市區鐵路電車沿線全站購得車票。	至CENTRAL站 大人A$15.40 小孩A$10.30
	接駁小巴士（Kingsford Smith Transport）	便利的接駁小巴士，僅須告知飯店名稱便能搭乘。可於機場1樓服務台購票。回國時至少要在希望搭乘時間前的3小時完成預訂。	A$16
	計程車	走出入境大廳往走手邊前進，就可看到計程車乘車處。現場工作人員會協助引導，亦能協助調派設有兒童安全座椅或大型的計程車。	至市區約A$40左右，還須另加A$3的機場使用費
	雪梨巴士	雪梨巴士（→別冊P16）的路線中，400路巴士會行經機場，前往邦代，但此巴士不會經過市中心，還請留意。	至邦代交流道 A$4.50

小小資訊 雪梨國際機場 URL www.sydneyairport.com.au

機場平面圖

●1樓（入境）

各航空公司的報到櫃台設置於此。旅行社的當地員工會在入境大廳等候旅行團的到來。此外，租車公司的櫃台、匯兌處、接駁巴士的服務台等也都設置於此。

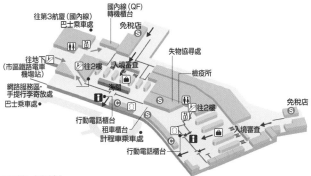

往第3航廈（國內線）
巴士乘車處
國內線（QF）轉機櫃台
免稅店
失物協尋處
往地下（市區鐵路電車機場站）
往2樓
入境審查
檢疫所
海關
網路服務區·手提行李寄放處
巴士乘車處●
行動電話櫃台
租車櫃台
計程車乘車處
行動電話櫃台
往2樓
免稅店
入境審查

機場內的路牌指示十分清楚

1樓有許多租車服務櫃台

●2樓（出境）

此樓層設有出境審查、手提行李檢查、登機門。完成出境審查後可進入通往登機門的出境大廳，此處有著一間間免稅店、咖啡廳和餐廳等。

TRS（→P99）
退稅櫃台（出境樓層內）
往8～10登機門
安全檢查
眺望室
往24、25、30～37登機門
出境審查
聯絡通道
從1樓
報到櫃台
免稅店
大型行李櫃台
安全檢查
51登機門　免稅店
免稅店
出境審查
報到櫃台
往53～63登機門
52登機門
50登機門
大型行李櫃台

行動電話櫃台

圖示範例
- 銀行·匯兌處
- 手提行李檢查處
- 公共電話
- 廁所
- 餐廳
- 咖啡廳
- 商店·免稅店
- 電梯
- 電扶梯
- 服務台
- → 出境
- → 入境
- → 轉機

所需時間	營運時間	聯絡方式
機場至CENTRAL站約13分，至CIRCULAR QUAY站約22分	5～23時，間距10分	市區鐵路電車 ☎13-1500
25～35分左右	24小時，間距20分	Air Bus 機場接駁 ☎(02)9557-7615
20～25分	24小時	Taxis Combined Services ☎13-3300 Legion Cabs ☎13-1451
50～60分	5～23時，間距20～30分	雪梨巴士 ☎13-1500

小小資訊 1樓入境大廳設有行動電話（Vodafone）的櫃台，可於此同時購入行動電話A\$39及SIM卡A\$10。向櫃台出示護照，並填寫入住飯店的住址就能完成申辦。可另行購買A\$10～100的預付卡。

旅遊常識

事先熟悉當地貨幣、氣候及通訊環境等資訊。
此外，也有許多不同於台灣的禮節和習慣。

貨幣

澳大利亞的國幣為A$，輔助單位則是分（可分別標記為A$及 C）。市面主要流通的是5種塑料紙幣和6種硬幣，A$2硬幣由於比A$1硬幣小，使用時要多加留意。澳洲的塑料紙幣為全球首次採用聚合物（塑膠）製造的紙幣，不會破損，弄濕也無妨。市區的商家或交通工具，有時僅能用現金。除現金之外，交易時還能使用信用卡或國際金融卡等。租車或辦理飯店入住手續時，業者會要求出示信用卡。

A$1 ≒ 23元新台幣 (2017年5月)

 A$5
 A$10
 A$20

 A$50
 A$100

5¢　　10¢　　20¢　　50¢　　A$1　　A$2

匯兌

若要匯兌，可以到銀行、機場、購物中心等設置的匯兌處，或街頭的匯兌處、飯店櫃台等。一般而言飯店會收取較高的手續費，但若是小額匯兌，飯店會較為便捷。金額高時，還是前去銀行或匯兌處為佳。

機場	銀行	街頭	ATM	飯店
兌換當下所需	**匯率較好**	**數量較多**	**24小時可匯兌**	**安全&便利**
位在1樓入境大廳和2樓，一般來說匯率較差。由於手續費也差，因此兌換當下所需的現金即可。	匯率比銀行來得好，但缺點在於營業時間短，週六、日、國定假日都公休。	比銀行營業時間長，有的地方週末也營業。有無手續費，視店家而異，匯率各家不同，務必留意。	設置於街頭或購物中心等地。依ATM和使用的卡種不同，單次能夠提領的金額也會不同。	向飯店櫃台換匯，輕鬆、安全又便利，然而多數飯店僅提供宿者換匯服務，匯率往往也不漂亮。

有助於操作ATM的英文單字
- 密碼...PIN/ID CODE/SECRET CODE
- 確定...ENTER/OK/CORRECT/YES
- 取消...CANCEL
- 交易...TRANSACTION
- 領出現金...WITHDRAWAL/CASH ADVANCE/GET CASH
- 金額...AMOUNT
- 信用卡...CREDIT
- 存款...SAVINGS

用剩的A$如何處置？

返台後，雖能將紙幣匯兌回新台幣，但硬幣由於無法兌換，因此應盡量花完。若還有前往澳洲的計畫，留著下次用也不失為一種處理方式。

ATM 24小時運作，但若是在人少的地方和時段使用，務必充分注意安全。

旅遊季節

主要國定假日

- **1月1日** …元旦
- **1月26日** …建國紀念日
- **4月14日** …耶穌受難日★
- **4月15日** …復活節星期六★
- **4月16日** …復活節星期日★
- **4月17日** …復活節星期一★
- **4月25日** …紐澳軍人節
- **5月1日** …五月節★（北領地）
- **6月12日** …英女王誕辰紀念日★（除西澳洲、昆士蘭州）
- **8月7日** …自強活動日★（北領地）
- **10月2日** …勞工節★（新南威爾斯州、南澳州）
- **12月25日** …聖誕節
- **12月26日** …節禮日
- **12月27日** …聖誕假

主要活動

- （1月7～29日）雪梨藝術節★
- （1月16～29日）澳洲網球公開賽★
- （3月4日）雪梨同志嘉年華會★
- （3月17～19日）世界理髮派對★
- （3月24～26日）F1一級方程式大賽★
- （4月6～19日）澳洲復活節嘉年華★
- （5月26日～6月17日）雪梨燈光藝術節★
- （5月27～28日）曼力美食美酒節★
- （6月7～18日）雪梨電影節★
- （2017年停辦）岩石區咖啡節★
- （8月13日）城市到海灘馬拉松大賽（City2Surf）★
- （9月17日）雪梨馬拉松大賽★
- （9月30日～10月8日）羅拉花園節★
- （11月7日）墨爾本盃賽馬大會★
- （12月31日）雪梨跨年煙火晚會★

標註★的國定假日和活動的日期每年皆會變動（此為2017年的日期）

氣候與穿搭建議

春 一年之中氣候 **9～11月** 最穩定的季節，最適合觀光。由於多為溫暖宜人的日子，因此穿著與台灣春天差不多的服裝即可。

夏 濕度低，有時 **12～9月** 早晚偏涼，帶件薄外套即可。白天由於紫外線強，必須做好萬全的防曬準備。

秋 與春天相同，**3～5月** 是個舒適的季節，但隨著冬日逐漸接近，偏冷的日子會越來越多，準備一些稍厚的上衣為佳。

冬 還不至於冷到 **6～9月** 會下雪，但早晚偏寒，因此切記帶上防寒用毛衣或厚外套。

氣溫與降雨量

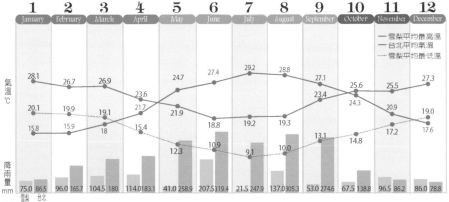

	1 January	2 February	3 March	4 April	5 May	6 June	7 July	8 August	9 September	10 October	11 November	12 December
雪梨平均最高溫	28.1	26.7	26.9	23.6	24.7	27.4	29.2	28.8	27.1	25.6	25.5	27.3
台北平均氣溫	20.1	19.9	19.1	21.7	21.9				23.4	24.3	20.9	19.0
雪梨平均最低溫	15.8	15.9	18	15.4	12.3	18.8	19.2	19.3	13.1	14.8	17.2	17.6

降雨量 mm
雪梨／台北：75.0 86.5 ／ 96.0 165.7 ／ 104.5 180 ／ 114.0 183.1 ／ 41.0 258.9 ／ 207.5 319.4 ／ 21.5 247.9 ／ 137.0 305.3 ／ 53.0 274.6 ／ 67.5 138.8 ／ 96.5 86.2 ／ 86.0 78.8

降雨量相關數值：10.9 / 9.1 / 10.0

小小資訊 澳洲學校每年有4次長假，這段期間裡澳洲國內交通和住宿設施都會相當擁擠，要特別留意。以2014年的新南威爾斯州為例，學校長假期間分別為4月14日～4月25日、6月30日～7月11日、9月22日～10月6日、12月22日～2015年1月26日。

撥打電話

●使用自己的手機時…依機種和合約類型，撥打方式及費用模式五花八門。自台灣出發前務必事先確認。
●使用飯店客房電話時…首先按下外線號碼，再撥打對方的電話號碼（撥打方式視飯店而異）。有些飯店會收取使用費。

●雪梨→台灣
0011 (澳州國際冠碼) –886 (台灣國碼) –對方的電話號碼 (去除區域號碼的0)

●台灣→雪梨
002 (台灣國際冠碼) –61 (澳洲國碼) –對方的電話號碼

網路使用

●住宿地點內
可使用飯店大廳或商務中心裡的電腦。中、高級以上的飯店，其櫃台區域及客房內多設有完善的網路線路，只要帶著自己的電腦連接網線路便可，有些飯店甚至可以無線上網。使用費視飯店而異。

●市區內
雪梨的咖啡廳和餐廳等，WiFi熱點日益增加。只要詢問，咖啡廳或餐廳人員便會告知網路密碼，可多加利用。此外，市中心有非常多間網咖，當中有些備有完善的中文系統，先做好確認再入內消費為佳。大致費用為60分A\$2～6左右。

網路咖啡

寄送郵件、包裹

●郵件
寄送包裹時，先於包裹專用表格上填寫包裹內容物等項目，再請郵局窗口計算運費。收件人姓名地址可寫中文，但務必寫上「TAIWAN」；寄件

黃色郵筒為快捷專用

人必須以英文填寫自己的名字和飯店名稱。包裹用紙箱可於郵局購買，約1週可寄達台灣。也有1～4個工作天可寄達的Courier國際快捷，但須花費A\$43.90～，頗為昂貴。
[雪梨郵政總局]住1 Martin Place 時8時15分～17時30分(週六10～14時) 休週日休
MAP別冊P 13D1

●宅急便
有多間宅急便公司，某些旅行社會代辦相關業務。配送至台灣的費用，25kg估計約為A\$200。

從雪梨寄往台灣的預估值

內容	耗時	費用
明信片	3～10日	A\$1.95
書信（至多50g）	約1週	A\$2.30
包裹（500g～1kg）	約1週	A\$25.30

國際宅配公司

DHL (Express)	📞13-1406　時7:00~19:00(週六8:00～12:00)　休週日休
CUBE iT! Sydney	📞(02)9319-0300(日文) 0400-300-244(日文)　時8:30~17:00　休週日、國定假日休

小小資訊 想把這個東西寄到台灣→ I'd like to send this to Taiwan.

其他基本資訊

●飲用水

可生飲自來水。在意氣味者，可至超級市場或News Agency等店家購買礦泉水。外出觀光時，礦泉水為必備之物。

●插頭與變壓器

澳洲的電壓為220～240V，頻率為50Hz，插座孔為八字形，連同接地端子用孔共有3孔。使用電器用品時，必須按下插座邊的開關才能通電。使用台灣的電氣用品時，必須接上變壓器和轉接器。

O型

●廁所

餐廳、購物中心和飯店的廁所非常乾淨，附設嬰兒床或哺乳室的親子廁所也相當普遍。即使在郊外觀光景點，廁所衛生依舊維持得不錯。使用公共廁所時，自己的視線務必不要離開隨身行李。

公共廁所。盡量不要獨自前往

●營業、上班時間

以下為雪梨商家、公司一般的營業時間。實際視店家而異。

商店	營9時～17時30分(週四～21時、週六～16時) 休週日、國定假日
餐廳	營中餐12～15時、晚餐18～22時 休部分國定假日休
銀行	營9時30分～16時(週五～17時) 休週六、日、國定假日休 ※機場分行無休
辦公室	營9～17時 休週六、日、國定假日休

●尺寸、度量衡

女性時尚
服飾

台灣	S	M	L	XL
凱恩斯	8	10	12	14

鞋子

台灣	22	22.5	23	23.5	24	24.5
凱恩斯	5	5.5	6	6.5	7	7.5

男性時尚
服飾

台灣	S(34)	M(38)	L(44)	XL(50)
凱恩斯	XS	S	M	L

鞋子

台灣	24	24.5	25	25.5	26	26.5	27
凱恩斯	6	6.5	7	7.5	8	8.5	9

※上述尺寸比較表僅供參考。不同製造商等因素會造成落差，必須留意

長度	
1英吋	約2.5cm
1英呎	約30.5cm
1碼	約90cm
1英里	約1.6km

重量	
1盎司	約28g
1磅	約453g

面積	
1英畝	約4047m²

※澳洲用來表示長度、重量等的單位和台灣相同，採用公尺（m）和公克（g）等。但是口語和廣告中會使用英吋、英畝等。

●雪梨物價

礦泉水
(500ml)
A$4～

麥當勞漢堡
A$2～

咖啡
（咖啡店內）
A$4～

啤酒
（啤酒杯一杯）
A$6～

計程車
（起跳價）
A$2.90～

小小資訊　公共電話多能使用硬幣和電話卡，若是雪梨市內，1通50¢無通話時數限制。可於便利超商等地方購得電話卡（Telstra公司的電話卡共3種面額，分別是A$5、A$10及A$20）

餐食

●營業時間
視店家而異，但多為午餐12～15時，晚餐18～22時。

●需要小費嗎？
澳大利亞雖屬歐美文化圈，但基本上無習慣支付小費。不過也有人受到良好服務後會給予小費。

●服務與禮儀
即使是高級餐廳，也幾乎沒有店家會要求穿著正式外套或禮服。街上的餐飲店大多可穿著T恤、短褲和沙灘拖鞋入內，但是這身打扮有時可能會被飯店或夜店拒於門外，行前務必做好確認。高級餐廳最好事先預訂。

●「LICENCED」、「B.Y.O」
在澳洲必須取得執照才能販售酒精類飲料，因此提供酒類的餐飲店前都會於店門口標示「LICENSED」字樣。未標示即代表店內只供應軟性飲料。此外，標示「B.Y.O」的店家即可攜帶紅酒、啤酒等入內，不過有時必須花費A\$2～20左右的酒水費。澳洲的飲酒年齡為18歲，亞洲人由於外表看起來比實際年齡年輕，因此外出時隨身最好攜帶護照影本或身分證明文件。

購物

●營業時間
雪梨一般商家的營業時間為9時～17時30分（週六～16時），每週四由於為購物日，許多商店都會營業至21時。

●無法帶回台灣的物品
應要特別注意的是，禁止攜帶蜥蜴和蛇類等的皮革加工品，還有附著土壤的植物、水果及肉類。另外，肉乾等肉類製品亦禁止攜入，但罐頭以及含有肉醬包的泡麵可。

●稅金
於澳大利亞國內雖須支付10%的消費稅，但只要符合依訂條件，便能辦理退稅，詳情請見旅客退稅制度（→P97）。

飯店

●入住及退房
從台灣直飛雪梨的航班，大概都是在早晨或中午會抵達目的地。飯店大多是15時～才能入住，不過有的飯店只要支付額外手續費，便會提早入住。在入住前可先將大型行李寄放至飯店。退房時間多在10～12時。

●依目的選擇房型
即使在同一間飯店中，也會依ocean front（客房正對海景）、ocean view（可欣賞海景）、city view（可欣賞街景）等條件，設定各式住宿費。ocean front景色優美，不過價格亦相對較高。

●小費
基本上不須小費，不過請飯店門房搬運行李，或請託特殊事項時必須支付。

☆ 禮節、規矩

●吸菸
雪梨所在地的新南威爾斯州，原則上於飯店、餐廳、酒吧、公園、海灘及機場等公共場所都禁菸。飯店雖設有禁菸樓層，但有的規定僅能在陽台抽菸，因此事前務必做好確認。澳州香菸一包約A\$13～，而且稅率也高，因此要價不菲。

●飲酒
澳州只有被稱為「bottle shop」的酒類店家才有販賣酒精類飲料，超級市場和便利超商中並無販售酒類。酒類店家的營業時間多在10～23時左右。法律上只要年滿18歲者，就能購買、引用酒精類飲料。，亞洲人由於外表看起來比實際年齡年輕，因此前去這類店家時隨身最好攜帶護照或護照影本。

●夜間娛樂注意事項
年滿18歲方得進入酒吧和夜店，及購買酒精類飲料。即使已滿18歲，店家有時依舊會要求出示身分證明，因此外出時最好攜帶護照或護照影本。入店消費前也務必確認好相關費用。此外，即使位在治安較好的雪梨，女性夜間落單還是危險。因此女性避免獨自前往此類場所。

 餐廳、購物中心和飯店的廁所非常乾淨，附設嬰兒床或哺乳室的親子廁所也相當普遍。

突發狀況對應方式

雪梨治安相對良好,但視線仍舊不可離開行李,包包務必不可離身,凡事都要多加注意。盡量避免進入人煙稀少的地方,或是夜間獨自在外遊逛。

 ## 生病時

不要猶豫,立即前往醫院。請飯店櫃檯人員安排醫院,或是聯絡旅行團或保險公司的當地服務處請他們協助就醫。市區由於有開有通曉中文的醫療診所,前往時務必事先確認交通位置。診療費用十分昂貴,因此從台灣出發最好備妥家常用藥,並且加入海外旅行保險。

 ## 遭竊・遺失時

●護照
遺失護照時,必須通報當地警方,並索取遭搶(或遺失)證明。接著前往最近的台灣辦事處,辦理註銷手續後,再重新申辦護照或入國證明書。

●信用卡
立即連繫信用卡公司的客服中心,註銷信用卡。為以防萬一,出發前最好先記下信用卡號及客服中心電話,與信用卡分開擺放。

 ## 突發狀況對策

●將護照、高額現金及貴重物品等鎖放在飯店保險箱,不隨身攜出。
●注意隨身行李,視線絕不可離開自身行李。
⇒特別是在機場或飯店周邊辦理手續時,由於容易分心,要特別小心。
●將護照、信用卡、現金等物分開存放。
●不隨便信任陌生人。
⇒有人以中文搭話時,切勿輕易相信。也切勿飲用不明飲料。
●夜間外出時搭乘計程車為佳。
●萬一遭遇搶劫時,切勿抵抗。
●駕駛租車或騎乘出租腳踏車時,務必遵守當地交通規則。
●勿將行李置於租車或巴士當中,容易引發破窗搶劫。
●外出時,切記行李不離身,走路時勿將包包拿在靠近車道的那一側。

旅遊便利貼

雪梨

●駐雪梨台北經濟文化辦事處
✉自市區鐵路電車Martin Place站步行3分
🏠Suite 1902, Level 19 MLC Centre, KingSt. Sydney, NSW2000
📞(02)9223-0086
🕐9:00～17:00
休週六、日、國定假日休
MAP●別冊P7C3

●通曉中文的醫院
○康平醫療中心(雪梨 CBD)
Healthpac Medical Centre
MAP●別冊P8A1
🏠Lower Ground, 59 Goulburn Street, Sydney NSW 2000
📞(02) 9282-9725
🕐9:00～18:00(週六～13:00)
休週日、國定假日休
🕐9～17時 休週六、日

●警察、消防、救護車 📞000

●信用卡公司緊急聯絡電話
○JCB PLAZA Call Center
📞00 - 800 - 3865 - 5486(免付費電話)
http://www.jcb.tw/ws/hotline24.html

○Visa全球緊急服務中心
📞1800-450-346
http://www.visa.com.tw/personal/benefits/assistance.shtml

○萬事達卡
📞1-636-722-7111
https://www.mastercard.com/tw/consumer/index.html
📞(886)2-2100-1266
https://www.mastercard.com/tw/consumer/index.html

台灣

●在台辦事處
○澳洲辦事處
📞(02) 8725-4100
🌐http://australia.org.tw/tpeichinese/home.html

●主要機場
○臺灣桃園國際機場
📞(03)273-5081(第一航廈服務電話)
📞(03)273-5086(第二航廈服務電話)
🌐http://www.taoyuan-airport.com/chinese/Index/

行前準備memo

第一步是確認當地季節（→P101），
決定要帶的衣服與配件。
出國之前把便利memo也填寫完畢。
有時間的話，也提前思考要採買的伴手禮及送禮對象。

托運行李list

☐ **鞋子**
除帶雙便於行走的平底鞋，能再
有雙外出用鞋會十分便利

☐ **包包**
能隨身帶著走的尺寸，可於早餐
或晚餐時裝得下錢包和手機即可

☐ **衣服**
挑些便於疊穿，不易產生皺摺的
質料

☐ **內衣**
準備3套左右，可於當地清洗。也
別忘記襪子

☐ **刷牙組**
也有許多飯店不會提供牙刷和牙
膏

☐ **盥洗用品**
卸妝水、洗面乳等

☐ **化妝品**
粉底、唇膏、眼影、腮紅、
眉筆等

☐ **防曬用品**
若是陽光炎熱的夏天，請準備防
曬係數高的

☐ **沐浴用品**
由於飯店也備有沐浴乳，若無特
別講究，不攜帶也無妨

☐ **家常藥**
止瀉、腹痛、綜合感冒藥等。也
可準備漱口水

☐ **生理用品**

☐ **插頭轉接器、充電器、充電池**
攜帶內建變壓器的海外旅遊可用
電器，或是攜帶變壓器

☐ **環保袋**
可折疊變小的精巧環保袋最好

☐ **摺疊傘**
旅行時期若遇上雨季，最好也帶
上雨衣

☐ **泳裝**
也可當地購買（→P64）

☐ **拖鞋**
最好是防水拖鞋

☐ **太陽眼鏡**

☐ **帽子**

若有洗衣用品、
折疊式衣架等會十分方便。
預計會在熟食店或超市購買
食物者，千萬別忘了攜帶
環保筷或拋棄式叉子

除環保袋之外，
由於旅程中可能會購入
濕潤物或液體物，
因此帶幾個塑膠袋
以備不時之需

行李箱底部
置放較重物品
（鞋子或沐浴用品等）

能免費攜入機內的行李
有重量及尺寸的限制，
每間航空公司的規定各有不同，
務必做好確認。
此外，托運行李在進出飛機之際
也有可能受損，
因此最好繫上行李綁帶以防萬一

可活用尼龍小袋和
塑膠小袋分裝行李，
甚至可利用包袱布
來打包衣服

小小資訊 鋰電池或鋰充電電池不可置於行李箱等托運行李。請多加留意行動電話充電用的電池。
詳情請參閱交通部民用航空局網頁■www.caa.gov.tw/big5/content/index01.asp?sno=1808

手提行李 list

☐ **護照**
絕對要記得！
出發前務必再次確認

☐ **信用卡**

☐ **現金**
除到當地準備兌換的金額
之外，也別忘了在台灣要
使用的交通費

☐ **數位相機**
提前備妥電池、記憶卡

☐ **行動電話**
行動電話若有計算機功
能，便能代替計算機

☐ **原子筆**
填寫出入境卡及關稅申報單時
必備

☐ **旅行團行程表**
（含機票／電子機票）

☐ **面紙**

☐ **手帕**

☐ **護唇霜（護唇膏）**

☐ **披肩／口罩**
（需要再帶）
機內乾燥，若有口罩會相當方
便

推薦使用
不必手提的
肩背式包包

OHOH世界

別忘了帶我走

PASSPORT

不可作為手提行李的物品

液體類物品設有攜入機內的限制（→P94）。由於包含髮型噴噴物等噴劑類物品、
護唇膏等膠狀物品也都算是液體類物品，要特別留意。此外刀刃類物品禁止登
機，因此盡量把機內用不到的物品收進托運行李中吧。

用在機內填寫
入境文件和
申報單時

便利 memo

護照 No.	去程航班編號
護照發照日期	回程航班編號
護照有效日期	出國日
飯店	回國日

伴手禮 list

贈 送 對 象	贈 送 物 品	預 算

index

雪梨

時尚・可愛・慢步樂活旅

SYDNEY ULURU

國家圖書館出版品預行編目（CIP）資料

雪梨・烏魯魯（艾爾斯岩） /
JTB Publishing, Inc.作 ;
曾柏穎翻譯. -- 第一版. --
新北市：人人, 2017.09
面; 公分. --（叩叩世界系列 ; 16）
ISBN 978-986-461-112-6（平裝）
1.自助旅行 2.澳大利亞

771.9　　　　　106007550

WHH

【 叩叩世界系列 16 】

雪梨・烏魯魯（艾爾斯岩）

作者／JTB Publishing, Inc.
翻譯／曾柏穎
編輯／林德偉
校對／周琴
發行人／周元白
排版製作／長城製版印刷股份有限公司
出版者／人人出版股份有限公司
地址／23145 新北市新店區寶橋路235巷6弄6號7樓
電話／（02）2918-3366（代表號）
傳真／（02）2914-0000
網址／http://www.jjp.com.tw
郵政劃撥帳號／16402311 人人出版股份有限公司
製版印刷／長城製版印刷股份有限公司
電話／（02）2918-3366（代表號）
經銷商／聯合發行股份有限公司
電話／（02）2917-8022
第一版第一刷／2017年9月
定價／新台幣320元

日本版原書名／ララチッタ シドニー・ウルル（エアーズ・ロック）
日本版發行人／秋田　守
Lala Citta Series
Title: SYDNEY ULURU (AYERS ROCK)
© 2016 JTB Publishing, Inc.
All rights reserved
First published in Japan in 2016 by JTB Publishing, Inc. Tokyo
Chinese translation rights arranged with JTB Publishing, Inc.
through CREEK & RIVER Co., Ltd. Tokyo
Chinese translation copyrights © 2017 by Jen Jen Publishing Co., Ltd.

人人出版好本事
提供旅遊小常識＆最新出版訊息
回答問卷還有送小贈品
部落格網址：http://www.jjp.com.tw/jenjenblog/